도쿄대
암기법

도쿄대 암기법

미야구치 기미토시 지음

김윤경 옮김

암기의 신이 알려주는 기억력 200% 활용법

빅피시
BIG FISH

하위 10% 열등생이었던 내가
상위 1% 도쿄대에 합격한 비결

누군가 '도쿄대에 합격하는 암기법'이 있다고 한다면 여러분은 어떤 생각이 들것 같나요?

'수상쩍은 걸.'
'그게 말이 돼?'
'그런 방법을 익히려면 엄청난 노력이 필요하겠지.'
'극히 일부만 가능한 얘기 아냐?'

사람들 대부분은 어쩌면 이런 생각을 할지도 모릅니다.

하지만 책을 읽어나가면서 이 모든 의심이 하나도 들어맞지 않는다는 걸 알게 되겠지요. 이 책을 다 읽고 나면 아마도 이런 의구심은 한여름 햇빛이 내리쬔 얼음처럼 순식간에 녹아 사라질 것입니다.

암기법은 말 그대로 '기억하는 기술'입니다. 더군다나 방대한 분량의 지식을 믿을 수 없을 정도로 짧은 기간에 암기하고, 오랫동안 기억할 수 있는 기술이지요. 하룻밤 사이에 100페이지나 되는 책의 내용을 외우고 1년 이상 잊지 않는다는 게 과연 가능할까요?

암기법은 누구나 습득할 수 있습니다. 게다가 대학 입시나 자격증 시험은 물론, 그 밖의 일상과 업무에도 매우 효과적인 무기입니다. 제가 도쿄대학교에 합격한 것도 암기법 덕분이었습니다.

그렇지만 암기법은 처음 본 책을 조금도 이해하지 못한 채 한 글자, 한 문장을 사진 찍듯이 머릿속에 그대로 옮겨 넣는 기술이 아닙니다.

저는 이 책에서 암기법이란 실제로 어떤 것인지, 어떻게 습득해야 가장 효율적인 결과를 이끌어낼 수 있는지를 설명했습니다. 특히 시험에 합격하려면 암기법을 어떻게 응용해야 하는지에 관해 많은 지면을 할애했으며 합격으로 가는 지름길을 어떻게 발견할 수 있는지를 소개했습니다.

단순히 대량의 지식을 외워서 자기만족에 빠지는 게 아니라 진정 '시험에 합격하기'를 목적으로 하는 분들을 위해 썼으며 암기법의 실제 응용 방법을 낱낱이 밝혔습니다.

의사의 길을 거의 포기하다시피 한 사람이 제가 강연한 암기법 세미나에 온 적이 있습니다. 의대에 합격하지 못한 큰 패인은 이과 과목, 특히 화학을 전혀 암기하지 못하는 데 있었습니다. 완전히 문과형 인간이었지요.

하지만 세미나 후, 암기법을 구사해 그렇게나 어려워하던 화학 과목을 공략하더니 짧은 기간에 점수를 극적으로 끌어올렸습니다. 그리고 목표로 하던 국립대 의대에 당당히 합격했습니다. 꿈에서까지 그리던 의사의 길이 열린 순간이었지요.

또한 단기간에 점수가 엄청나게 뛰어오른 고등학생도 있습니다. 그 학생의 실력이 쑥쑥 늘어나는 모습을 보면서 저 자신도 너무나 놀랐으며, 뭐라고 표현하기 어려운 기쁨과 감동이 가슴속에서 북받쳐 오르더군요.

제 암기법의 유효성은 서서히 세상에 알려지고 있습니다. 《요미우리 신문》 생활·교육면의 〈배우자!〉라는 코너에 저와 제 암기법에 대해 취재한 기사가 6주간에 걸쳐 게재되기도 했습니다.

이제 암기법은 실제로 사용할 수 있는 기술입니다. 효과적으로 활용해서 인생이 목표를 달성할 수 있는 것이지요.

이제 여러분 차례입니다.

목 차

1장 멘탈 관리 :
불안을 잡고 몰입을 극대화하는 마인드셋

2장 암기법 워밍업 : 필기 없이도 교재 1권을 외워낸 기본 전략

3장 인풋의 기술 :
필요한 부분만 '딱딱' 쉽게 뇌에 새기는 방법

4장 시험 직전 아웃풋 솔루션 :
시험별, 과목별로 기억을 효과적으로 꺼내 쓰는 법

5장 시간 관리 :
시험공부는 짧고 빠르게 끝낼수록 좋은 것이다

동기 부여 :
내가 해냈으므로, 당신도 상위 1%가 될 수 있다

**도쿄대
암기법**

1장

멘탈 관리 :
불안을 잡고 몰입을 극대화하는 마인드셋

합격과 불합격을
가르는 차이

지구상에는 약 80억 명이 넘는 인구가 살고 있다. 이 많은 인구가 모여 형성된 집단이 '인간 사회'이며 세상은 굉장히 많은 인구로 구성되어 있다.

그러므로 자신이 우수한 사람으로 평가받는 것도, 자신이 우수하지 못한 사람으로 평가받는 것도 모두 다른 사람들이 내리는 평가이다. 그런데 희한하게도 사람들은 정작 자신에 대해서는 잘 모른다. 이것이 바로 인간이 지니고 있는 본연의 특성이다.

누구나 한 번쯤 자신의 목소리를 녹음해 들어본 적이 있을 것이다. 그때 "내 목소리가 왜 이렇게 이상하지?" 싶을 정도로 낯선 목소리에 충격을 받아 하루 종일 울적했다고 털어놓는 사람도 있다고 한다.

그런데 이 목소리가 진짜 자신의 목소리가 맞는지를 주위 사람들에게 물어보면 하나같이 "항상 듣는 네 목소리랑 똑같은데 왜?" 하는 대답이 돌아와 더욱 당황하고 놀라기도 한다.

나는 촬영된 내 사진을 보면 마치 다른 사람처럼 느껴지니 훨씬 더 심각한 상황이다.

"뭐야 이게? 더 멋있을 줄 알았는데!"

다른 사람이 아닌 내 모습이 분명히 그곳에 찍혀 있지만 그동안 스스로 생각하던 이미지와는 전혀 다르다. 인간은 집단 속에 있다 보면 자신을 정확히 인식하지 못하는 경향이 있다. 사람이 얼마나 자신을 잘 모른 채 착각 속에 사는지를 잘 보여주는 사례라고 할 수 있다.

이 같은 일은 텔레비전 프로그램을 녹화하고 있는 콘서트장에서도 똑같이 벌어진다. 간혹 자신의 모습이 찍히길 원치 않아 팸플릿으로 얼굴을 가리고 있는 관객이 있다. 하지만 실제로 그 영상을 보는 사람의 눈에는 팸플릿으로 얼굴을 가리고 있는 사람이야말로 눈에 가장 잘 띄기 마련이다.

원래 사람과 사람의 차이는 아주 근소하지만 당사자는 그 사실을 전혀 알지 못한다. 그런데 그 근소한 그 차이가 날마다 쌓이고 쌓여서 결과적으로는 매우 큰 차이가 벌어지는 것 또한 사실이다.

자격시험을 목표로 하고 있는 사람에게 암기법을 가르쳐 보면 합격하는 사람과 불합격하는 사람 사이에 어떤 차이가 있는지를 바로 알 수 있다. 놀랍게도 합격과 불합격을 가르는 차이는 결코 능력이 아니다. 정신적인 면에서 근소한 차이가 있을 뿐이다.

예를 들어보자. 일류 대학에 합격하기는 무척 어려워 보인다. 하지만 500명이 넘는 학생을 지도한 경험으로 볼 때, 쉽지는 않지만 분명 합격할 수 있는 방법이 있다. 목표를 향해 열심히 노력하면 합격할 수 있는데, 사람들은 엉뚱하게도 자신을 나무라고 질책하는 데 너무 많은 에너지를 낭비한다. 일이 잘 풀리지 않고 목표한 성과를 달성하지 못하는 사람을 보면 대부분이 이런 식으로 시간을 잘못 활용하고 있다.

어떤 유명한 야구 선수가 이렇게 소신을 밝혔다.

"일류 선수의 조건은 이미 진 시합을 잊는 것입니다."

올림픽에서도 금메달을 딴 사람과 동메달을 딴 사람, 혹은 메달을 하나도 따내지 못한 사람은 각각 완전히 다른 평가를 받게 되지만, 실제로 그들의 실력을 비교해보면 거의 차이가 나지 않는다.

한 올림픽 참가 선수가, 올림픽이 끝나고 귀국했을 때 메달을 획득한 선수와 그렇지 못한 선수에 대한 대우가 너무 달라서 놀랐다고 고백한 일이 있다. 그는 나리타 공항에서 "메달리스트분들은 이쪽 버스에 타세요", "다른 분들은 이쪽으로 오세요" 하고 따로 안내하는 모습을 보고 무척 충격을 받았다고 털어놓았다.

100미터 달리기 경주를 생각해보자. 금메달을 딴 사람과 동메달을 딴 사람 사이에는 어느 정도의 차이가 있을까. 놀랍게도 그 차이는 1초도 되지 않는다.

나의 경험을 이야기해보자면, 도쿄대학교 대학원을 졸업하고 제약 회사에 입사한 지 얼마 안 되었을 무렵 대학원 시절에 연구한 내용을 모아 원고로 정리했다. 당시 나는 출판사로부터 처음으로 원고 집필을 의뢰받은 터라 의욕으로 가득 차 있었다. 물론 나 혼자만의 원고로 책 한 권을 낼 수 있는 상황은 아니어서 다른 대학교 교수와 공동으로 집필하게 되었다.

입사 직후였기에 회사 일도 아직 익숙해지지 않았을 때였다. 게다가 대학 시절에는 장비를 사용해 분석하는 업무를 주로 한 데 비해, 회사에서는 전혀 경험한 적이 없는 동물 해부 업무가 많아서 매일 정신없이 바빴다. 집필 작업은 자꾸만 밀렸고 원고 마감일까지 도저히 맞출 수가 없었다. 물론 편집자에게는 여러 차례나 독촉을 받았다.

"마감일에서 벌써 일주일이 지났는데요. 원고는 언제쯤 완성될까요?"

이제 조금만 더 하면 되는데 그 조금만이 일주일이 될지, 한 달이 될지 통 자신이 없었다. 결국은 마감일에서 몇 주일이 지난 후에야 겨우 마감한 원고를 편집자에게 전달했다. 그 후 나는 저자 중 한 사람으로서 내 이름이 실린 책이 출간되기를 고대하고 있었지만, 웬일인지 아무리 기다려도 출간되지 않았다. 그러다가 마침내 일 년 후에 책이 출간되었다.

그리고 출간된 후에 비로소 편집자에게 집필 당시의 상황을 들을 수 있었는데, 사실은 내가 먼저 원고를 완성해 제출했다는 것이 아닌가. 지금 같으면 상상할 수 없는 이야기지만 30여 년 전에는 그 정도로 안일하게 일하기도 했다.

내가 암기법 세미나에서 강의할 때 자주 언급하는 비유가 있다.

한 중학생이 있다고 하자. 학교 수업이 오전 8시 30분에 시작된다. 그런데 오늘은 늦잠을 자는 바람에 학교에서 가장 가까운 역에 내리니 벌써 8시 25분이었다. 역에서 학교까지는 걸어서 15분이 걸리고 아무리 빨리 뛰어가도 10분은 걸린다. 당신이라면 어떤 선택을 하겠는가.

① 학교까지 뛰어서 최대한 빨리 도착한다
② 어차피 늦을 테니 천천히 걸어간다
③ 지각하는 게 싫어서 학교에 가지 않는다

정답은 ①번이지만 사람들 대부분이 ②번을, 사람에 따라서는 ③번을 선택한다. 학교까지 뛰어가면 8시 35분에 도착할 수 있다. 5분 지각이다. 어쩌면 그날은 운 좋게도 선생님이 교실에 5분 이상 늦게 들어올지도 모른다.

이렇듯 일상에서 벌어지는 일이라면 쉽게 판단을 내릴 수 있겠지만, 만약 도쿄대를 목표로 공부하는 경우라면 어떨까.

① 합격하지 못할 수도 있지만 열심히 공부한다
② 어차피 합격하지 못할 테니 도쿄대를 목표로 하지 않는다
③ 불합격하는 게 싫어서 대학 입시를 치르지 않는다.

①번을 선택하겠는가? 아마도 대부분은 ①번을 선택하지 않을 것이다.

그렇지만 나는 ①번을 선택했다.

1970년대 오일쇼크로 전 세계에 닥친 불황의 여파로 우리 집안은 생계가 어려워졌고 나는 상대적으로 등록금이 저렴한 국립 대학교밖에 지원할 수 없는 상황이었다. 게다가 자취에 드는 생활비를 줄이려면 집에서 다닐 수 있는 대학이어야 했다. 우리 집에서 가장 가까운 대학은 도쿄대학교였다.

사람들은 대부분 자신의 눈앞에 닥친 역경을 크게 부풀려 생각하는 경향이 있다. 누구나 열심히 하면 상당한 목표 수준까지 성공할 수 있는데도 실제로는 열심히 하지 못하는 존재가 바로 인간이다.

우리가 역경을 극복하는 데는 기술이 필요하다. 내 경우에는 그 기술이 바로 암기법이었다. 나는 원래 성적 편차치가 41(일본 입시나 모의고사 등에서 학생의 실력을 가늠하는 지표. 각 시험의 평균을 50으로 환산하여 그 평균과 얼마나 차이가 나는지를 나타낸 수치다. 50보다 낮으면 평균보다 낮고 50보다 높으면 평균보다 높은 것으로, 숫자가 클수록 높은 실력이다. 편차치 41은 백분율로 하위 16%, 우리나라 등급으로 치면 7등급이고, 도쿄대학교 입학을 위해서는 편차치 70 이상이어야 한다.—역주)밖에 되지 않았고 입시 때까지도 와세다대학교나 게이오대학교가 어느 정도 순위의 대학인지조차 몰랐다.

이 책에서는 그 정도로 성적이 형편없던 내가 암기법을 습득함으로써 합격하기가 그렇게도 어렵다는 일류 대학의 관문을 뚫은 경험을 상세하게 밝히려고 한다. 사람은 누구나 암기법을 습득하기만 하면 자신이 본래 갖고 있는 능력을 비로소 깨닫게 된다.

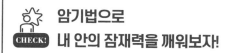

암기법으로
내 안의 잠재력을 깨워보자!

걱정과 불안 때문에
집중이 안 될 때

★

당연한 말 같지만, 성공하지 않고서는 성공까지 이르는 길을 알 수 없다. 하지만 성공에 이르는 길을 알지 못해도 확실히 성공을 거머쥘 수 없다.

이는 달걀이 먼저냐 닭이 먼저냐 하는 논쟁과 똑같다. 성공하지 못하면 어떻게 해야 성공할 수 있는지 알 수 없다. 어떻게 해야 성공할 수 있는지를 알지 못하면 성공하지 못한다.

이렇게 이론만 따지다가는 아무 일도 시작하지 못한다.

나의 경험담을 이야기해보겠다.

나는 도쿄대학교에 입학하기 전까지는, 그 들어가기 어렵다는 도쿄대에 합격하는 사람은 태어날 때부터 두뇌 구조가 나랑 다를 거라고, 진짜로 그렇게 믿고 있었다. 일본에서 가장 벽이 높은 대학교에 합격한 사람들이니 말이다.

나는 30년 동안 도쿄대학교 합격생을 한 명도 배출하지 못한 고등학교에 다니면서 도쿄대 합격을 노려보겠다는, 어찌 보면 무모하다고 할 수 있는 목표를 세웠다.

그런데 실제로 도쿄대에 입학하고 나서 도쿄대생이라고 해도 내가 생각했던 만큼 머리가 좋지는 않다는 것을 알았다. 물론 천재적인 학생도 있었지만 그런 사람은 서너 개 클래스(대학에서 학부나 학과의 인원을 몇 개의 클래스로 나눠 수업의 효율성을 꾀하는 경우가 많다 ─ 역주)에 한 명꼴로, 300명에 한 명 정도일 뿐이다. 학생 대부분은 정말로 평범했다. 그렇다면 왜 그 사람들은 도쿄대에 합격하고 다른 사람들은 합격하지 못한 것일까.

대학 입시나 자격시험을 치르기 직전이 되면 이러한 질문을 많이 받는다.

"선생님, 걱정이 되어서 공부가 손에 잡히질 않아요. 어떻게 하면 좋을까요?"

나도 진지하게 입시를 치렀던 사람이라 그 심정을 너무나도 잘 안다.

세상에는 두 부류의 사람이 있다.

· 걱정이 되어도 공부하는 사람

· 걱정이 되어 공부가 손에 잡히지 않는 사람

전자는 합격하고 후자는 불합격할 것이다. 애초에 조금도 걱정하지 않고 합격할 수 있는 사람은 거의 없다. 인생의 성공 법칙을 알려주는 숱한 책에는 이렇게 쓰여 있다.

'성공하는 사람은, 성공할 때까지 계속 노력하는 사람이다.'

성공하는 사람도 실패하는 사람도, 능력에는 거의 차이가 없다는 뜻이다. 자신이 목표로 하는 일을 해낼 때까지 계속해서 도전하고 노력할 수 있느냐 없느냐가 승패를 좌우한다.

암기법을 사용하면 100페이지짜리 책을 하룻밤에 외울 수 있다. 누구나 약간 훈련만 하면 습득할 수 있으며, 암기법을 익히기만 하면 걱정과 불안 같은 마음의 장벽을 순식간에 뛰어넘을 수 있다.

뒤에서 소개할 훈련을 하고 나면, 30장의 카드에 구체적인 단어를 무작위로 적고 그 단어들을 한두 번 말해봄으로써 전부 완벽하게 기억할 수 있다.

나이는 아무 관계없다. 오히려 나이가 들면 들수록 암기법을 쉽게 습득할 수 있다고 말할 수 있다. 암기법을 등산에 비유하면, 팔부 능선까지 자동차로 올라가는 것이나 다름없다. 처음부터 걸어서 산을 오르는 경쟁자와 팔부 능선까지 체력을 쓰지 않고 자동차로 가는 여러분 중에서 누가 더 빨리 산 정상에 오를 수 있겠는가.

물론 여러분이다. 빠르고 확실하게 등정(목표로 한 시험에 합격)할 수 있다.

 하룻밤에 100페이지 암기?
CHECK! 당신도 할 수 있다!

낮은 자신감을 끌어올리고 시작하는 법

★

'마음의 조난'이라는 말이 있다. 우선 머릿속에서 이미지를 그려보자.

여러분은 지금 사막 한가운데에 있다. 해안가에 펼쳐진 돗토리 사구도 좋고 사하라 사막도 상관없다. 주위에는 시선 끝까지 사막이 펼쳐져 있고 자신이 어느 위치에 있는지도 모르는 상황을 상상하면 된다.

여러분은 이제 그곳에서 멀리 떨어져 있는 목적지까지 가야만 한다. 사막이므로 목적지에 다다를 때까지 물 한 방울도 마실 수 없다. 이것이 바로 일 년 후의 합격을 목표로 입시 공부를 하고 있는 여러분 자신의 모습이다.

목적지까지 걸어서 가야 하므로 고생을 이루 말할 수 없을 것이다. 목적지를 구체적인 이미지로 떠올릴 수조차 없다. 단조로운 길을 하염없이 걸어가야만 한다.

이러한 상황에서 얼마나 많은 사람이 무사히 목적지에 도착할 수 있을까? 자신이 목표로 삼은 곳까지 일직선으로 걸어갈 수 있을까? 대부분이 일직선으로는 걸어가기 힘들 것이다. 심지어 땡볕 아래서 물 한 모금 마실 수 없다면 어떻게 해야 할까?

이 상황과 거의 똑같은 일이 입시 공부에서도 일어나고 있다. 왜 혼자서 공부하면 합격률이 낮을까? 공부하는 상황은 똑같으니 합격률도 같아야 할 텐데, 실제로 자택에서 재수하는 사람의 합격률은 평균적으로 낮다. 사막(가혹한 환경)에 아무런 이정표가 없다면, 어지간히 정신력이 강한 사람이 아니고는 누구라도 조난을 당하고 말 것이다.

이는 비단 공부에만 해당되는 이야기가 아니다. 일에서도 인생에서도 마찬가지다.

인간은 목표 지점까지 가는 길이 명확하게 제시되어 있지 않으면 고민하는 습성을 지니고 있다. 아무런 실마리도 주어지지 않은 인생을 견뎌낼 정도로 강인한 사람은 한 사람도 없다.

여러분에게만 해당하는 이야기가 아니다. 이는 주변 사람들도 모두 마찬가지다.

앞서도 말했듯이 나도 도쿄대에 합격할 때까지 도쿄대생은 특출나게 머리가 좋은 사람들의 집단이라고 생각했다. 하지만 실제로 합격하고 보니, 아니 좀 특이한 표현으로 말하자면 도쿄대생의 집단 안으로 들어가 보고서야 그 정도는 아니라는 사실을 알았다.

도쿄대에 합격하려면 영어 단어를 2만 개 외워야 한다고 말한 고교 선배가 있었다. 하지만 도쿄대에 들어가 보니까 영어를 잘하는 사람만 있지도 않을뿐더러, 해외에서 자라고 교육받은 학생들 말고는 2만 단어 이상 외우고 있는 사람이 거의 없었다(외국에서 자란 학생들은 고전문학과 한자어를 잘 알지 못한다는 또 다른 단점이 있다).

지금 나 자신은 어느 위치에 있는 걸까. 자신의 실력에 대한 정확한 자각이 없으면 마치 전철 순환선처럼 하나의 원 주변을 빙글빙글 돌기만 할 뿐이다.

'성공하려면 무조건 열심히 하면 된다(오래 앉아서 공부하면 된다)'고 생각하기 쉽지만 사실은 원을 따라 빠르게 돌고 있을 뿐, 결코 목적지 쪽으로 나아가지 못하고 있는 것이다. 이런 비효율적인 방법으로 인해 제대로 된 성과를 내지 못하고 있으니 자신도 모르는 사이에 '마음의 조난' 상태에 빠지고 마는 것이다.

 목적지에 가는 지름길을 알려면 우선 내 위치를 알아야 한다.

원하는 미래를 이루는
과학적인 뇌 사용법

★

암기법에서는 '이미지의 힘'을 자유자재로 활용한다. 이미지의 힘은 우리의 상상을 초월할 정도로 큰 가능성을 품고 있다.

뇌의 관점에서 보면 이미지를 떠올리는 것이나 이미지로 떠올린 장면을 실제로 행하는 것이나 완전히 똑같은 일이다. 스포츠 세계에서 이미지 트레이닝이 중요시되고 있는 까닭이 바로 여기에 있다. 가령 다음과 같은 경우를 구체적이고 생생한 이미지로 떠올리면, 실제로 그 일을 경험할 때처럼 너무 기뻐서 마음이 들뜨게 된다.

· 굉장히 즐거운 일

· 매우 기쁜 일

· 도전하거나 바라던 일이 잘됐을 때

시험 합격을 목표로 하고 있다면 합격한 직후에 자신의 모습이 어떨지를 떠올려보는 것이다. 구체적인 예로, 도쿄대를 목표로 한다면 자신이 도쿄대 캠퍼스에서 합격을 기뻐하고 있는 모습을 머릿속에서 그려보자.

시간적인 여유가 있다면 실제로 도쿄대 캠퍼스에 가서 직접 분위기를 맛보길 추천한다. 지방에 살고 있어 도쿄대까지 가기가 어렵다면 사진을 보는 방법도 좋다. 이미지의 힘은 일상생활에서 매우 큰 효과를 발휘한다.

반드시 습관으로 들여야 할 한 가지가 더 있다. 바로 잠자기 전에 가장 기분 좋은 이미지를 머릿속에서 그려보는 것이다. 무의식중에 웃음이 나오는 상황, 마음이 두근두근하는 장면……

아무리 불행한 일도 웃으면서 호쾌하게 날려버리자.

초등학생 때 어머니가 들려준 이야기가 있었다. 나에게는 누나가 한 명 있는데, 어머니가 나를 임신했을 당시 한때 아버지에게 안 좋은 술버릇이 있어 젊었던 어머니와 아버지 사이가 나빠져 이혼 직전까지 갔다고 한다.

그때 어머니는 아버지와 이혼하더라도 당신과 딸(누나) 하나라면 살아갈 수 있겠다는 생각에 임신 중인 둘째 아이(나)를 지워야겠다고 마음먹었다고 한다. 그런데 산부인과에 갔더니 공교롭게도 의사 선생님이 여름 축제에 가느라 부재중이어서 내가 무사히 태어났다고 한다.

지금 생각하면 너무하다 싶지만 당시에는 그저 재미있는 에피소드로 웃고 넘어갔다. 세상에 일어나는 모든 일을 비참한지 아닌지의 기준이 아니라 어떻게 받아들이느냐가 중요하다고 어린 마음에도 그런 생각을 했다.

이미지로 떠올리는 습관을 익히면 일이나 현상을 받아들이는 관점이 상당히 달라진다.

꿈을 구체적으로 그려라.
한 걸음 더 가까워질 것이다!

공부하기 싫을 때 쓰는 '유사 아웃풋 전략'

게임, 특히 컴퓨터 게임은 입시 공부를 방해하는 강력한 적이라고 여겨지고 있지만 실제로는 게임에 빠지는 사람일수록 게임을 공부의 원동력으로 유용하게 사용할 수 있다.

기분 전환이라고 생각하고 게임을 시작했다가 어느새 몰입해 쉽게 그만두지 못한 경험은 누구에게나 있을 것이다. 희한하게도 평소에는 별로 재미없던 게임이라도 공부하던 손을 멈추고 그 대신에 하면 왠지 재미있게 느껴진다.

왜 그만두지 못하는 걸까? 실은 뇌 속에서 공부의 괴로움과 지금 하고 있는(그다지 재미없는) 게임을 무의식중에 비교하고 있기 때문이다. 그 결과 게임이 상대적으로 즐겁게 느껴져 그만두지 못하는 것이다.

이 '무의식적인 비교'가 중요하다.

내게 암기법을 배우는 수강생 가운데 한 명이 이런 질문을 던졌다.

"저는 기분 전환으로 인터넷 서핑을 시작하면 좀처럼 멈추질 못해서 몇 시간이 훌쩍 흘러가곤 해요. 어떻게 하면 좋을까요?"

지금 인터넷 서핑을 멈추고 나면 이제 싫어하는 공부를 해야 한다고 생각하기 때문에 인터넷 서핑을 계속하려는 마음이 드는 것이다.

이럴 때는 공부할 분량을 짤막하게 잘라 한 번에 끝마칠 수 있는 분량으로 나눠보자. 그리고 공부하는 데 큰 방해물이었던 인터넷 서핑을 공부 일정 사이사이에 넣어놓는다. 그러면 은근슬쩍 인터넷 서핑을 하고 싶은 유혹이 고개를 들어도 '이만큼까지 공부를 끝내면 또 할 수 있어!' 하고 마음을 다잡을 수 있다. '꾸물대고 공부하지 않는 병'을 쉽게 물리칠 수 있다.

나는 회사 사무실에 도착하면 바로 좋아하는 일을 딱 5분만 하자고 정해두었다. 그러면 일을 시작하기가 싫지 않을 뿐만 아니라 1분이라도 빨리 회사에 출근하고 싶은 기분마저 든다. 출근해서 자신이 좋아하는 일(이 경우는 게임)을 하고 싶은 마음 상태가 되는 것이다.

나는 태어나서부터 지금까지 한 번도 열심히 운동을 해본 적이 없는데도 건강했기에 늘 그 사실을 자랑으로 삼아왔다. 하지만 역시 나이에는 이길 수 없어서 이대로는 안 되겠다는 생각에 피트니스 센터에 회원으로 등록했다.

처음에는 정기적으로 다닐 수 있을지 걱정이었다. 그래서 피트니스 센터에 처음 들어가서 트레이너에게 상담을 받을 때 솔직히 털어놓았다.

"일주일에 두 번 올 계획인데 꾸준히 계속할 수 있을지 걱정입니다."

그러자 트레이너는 "우선은 일주일에 두 번이면 아주 잘하시는 겁니다" 하고 대답했다.

하지만 실제로는 어지간히 바쁜 날이 아니면 거의 빠지지 않았다. 매일 다닐 수 있는 이유는 피트니스 센터에 운동(힘든 일)을 하러 가는 게 아니라, 목욕(즐거운 일)을 하러 간다고 생각하기 때문이다.

피트니스 센터에 갈 때는 욕탕에 몸을 푹 담그는 생각만 하는데, 막상 센터에 도착하면 목욕만 하고 오기에는 왕복 시간이 아까우니 운동을 조금 해볼까 하고 마음이 바뀐다.

그런데 10분 달리고 나면 조금 더 달리고 싶어지는 게 사람 마음 아닌가. 그래서 조금 더 달리다 보면 어느새 꼬박 한 시간 동안 운동하고 있다. 피트니스 센터에 전혀 다니지 않는 사람과 거의 매일 가는 사람을 비교해보자. 그 작은 차이가 나중에는 큰 차이가 된다.

나는 이 방법을 '유사 아웃풋'이라고 부른다. 이 또한 '이미지의 힘'이라고 할 수 있다. 처음부터 완벽하게 할 수 있는 사람과는 비교하지 말자. 그런 사람은 세상에 거의 존재하지 않는다.

공부와 일도 게임처럼!
스스로에게 퀘스트와 보상을 주며 재미를 더하자!

어떤 상황에서도
부딪쳐 이겨내는 마인드셋

★

나는 '문제가 없으면 아무것도 해결하지 못한다'는 신념을 갖고 있다.

아까 말한 피트니스 센터에 꾸준히 다니게 된 계기도 신체가 노화했다는 사실을 통감했기 때문인데, 그 결과 젊었을 때보다도 오히려 더 건강해졌다.

자신의 문제를 좀처럼 해결하지 못하는 사람이 많다. 그 이유는 뭘까?

'사람은 자신이 보고 싶은 것밖에 보지 못한다'는 말이 있다.

사람들 대부분은 어떤 문제가 있으면 거기서 도망치고 만다. 돈을 여기저기서 마구 빌리는 사람은 채권자 목록을 정리하려고 들지 않는다. 돈을 갚기가 어려우므로 그 곤란한 상황을 회피하고 싶은 심리가 작용해 문제를 정면에서 보려 하지 않는 것이다.

미국의 유명한 심리학자로 방송인, 작가이기도 한 닥터 필Dr. Phil은 자신의 저서에서, 사람은 곤란한 일을 당하면 다음과 같은 감정과 행동을 한다고 밝혔다.

부정Deny
무시Neglect
생략Omit

사람은 자신이 맞닥뜨린 문제로부터 눈을 돌리는 데 천재이다. 굳이 문제를 마주하려 하지 않고 외면한다.

내가 가장 하고 싶은 말은 문제를 해결하기 전에 문제를 파악하는 데 집중하라는 것이다.

절대로 처음부터 그 문제를 해결하려고 들지 말아야 한다. 문제를 분석하는 데 전념해서 문제가 어디에 있는지를 똑바로 밝혀내면 거의 해결한 것이나 다름없다.

문제를 특정하는 것이 가장 중요하다. 처음부터 문제를 해결하려고 들면 그 압박감으로 인해 오히려 문제를 파악하는 관점이나 판단력이 흐려지고 만다.

다이어트를 예로 들어 설명해보겠다.

결과를 얻으려고 하지 말고(당장 살을 빼려고 하지 말고) 우선은 살을 뺄 수 있는 생활 습관을 들이자. 그 생활 습관을 유지하면 확실히 살이 빠진다.

내가 가장 좋아하는 말인데, 1997년에 공개된 영화 〈티벳에서의 7년〉에 다음과 같은 대사가 나온다.

'이 세상에는 해결할 수 있는 문제와 해결할 수 없는 문제가 있다.
해결할 수 있는 문제는 해결할 수 있으니까 고민하지 않는다.
해결할 수 없는 문제는 해결할 수 없으니까 고민하지 않는다.'

이 말에 나는 다음과 같은 말을 덧붙이고 싶다.

'인생에서 부딪히는 문제는 대부분의 경우 해결할 수 있다.
해결할 수 있는 문제를 해결하기만 해도 당신의 인생은 180도 달라지며 믿을 수 없을 정도로 행복해진다.'

나는 살아오면서 이 말을 실제로 경험했다. 우리 집안은 200년 이상 대대로 일본도를 만들어온 도장刀匠 집안이었다. 앞서도 말했듯이, 오일쇼크 발발의 여파로 가세가 기울자, 고등학생이었던 나는 내 힘으로 벌어서 먹고살기로 결심했다.

당시 대학 입시에 관해 아무런 정보도 없이 무지했던 나는 와세다대학교나 게이오대학교라도 합격하면 된다고, 무모하게도 일류 사립 대학교를 목표로 했다. 하지만 편차치 41의 성적으로 와세다대학교와 게이오대학교는 어림도 없다는 현실을 알고 몹시 절망했다.

그래도 나는 지망 학교의 수준을 낮추지 않았다. 목표를 낮추기는커녕 오히려 더 들어가기 어려운 대학을 목표로 공부하면 와세다대학교나 게이오대학교에 턱걸이로라도 갈 수 있을지 모른다고 생각하고는 가장 합격하기 어렵다는 도쿄대를 목표로 삼았다(결국 경제적인 사정으로 국공립인 도쿄대를 지망할 수밖에 없었지만).

도쿄대에 합격할 수 있는 노하우가 반드시 있을 것이라 생각하고는 그 과정에서 암기법을 습득했고 내 나름의 '시험에 합격하는 암기법'을 터득하기에 이르렀다.

사람의 일이란 신기하게도, 절실히 원하면 해결의 실마리가 보이기 마련이다. 문제를 해결하지 못하는 것은 앞서 언급했듯이 그 문제를 파악하지 못해서가 아닐까?

'고난 속에 기회가 있다'라는 말이 있다.

나의 경우에 고난은 다음 두 가지였다.

· 가정의 경제 사정이 어려워 국립 대학교밖에 갈 수 없었던 점
· 성적이 최하위권으로, 매우 낮았던 점

그렇기에 필사적인 심정으로 도쿄대학교를 목표로 정하고, 마침내 합격한 것이다. 태생이 게을러터진 나는 만약 가세가 기울지 않았더라면 도쿄대를 노리지도 않았을 것이고, 당연히 와세다대학교나 게이오대학교에도 합격하지 못했을 것이다.

문제에 부딪혔는가?
먼저 문제를 정확하게 파악하자.
그럼 실마리는 보인다!

효율을 미친 듯이 끌어올리는 한 끗 차이

되풀이해서 강조하지만, 성적이 나쁘기 때문에 성적을 올릴 수 있는 것이다. 그 실례가 바로 나였다. 사람에게는 누구나 남다른 자신만의 재능이 있다. 마이너스를 플러스로 바꾸는 힘이다. 이 힘에는 한계가 없다.

내가 컴퓨터 전문가가 된 것도 별것 아닌 계기에서였다. 대학원 시절, 연구한 성과를 영어 논문으로 정리해 학회지에서 발표하게 되었는데 그때 나는 영어로 논문을 발표할 수 있다는 기쁨에 엄청난 노력을 기울였다.

연구실에 틀어박혀 영문 전동 타자기로 영어 논문을 치고 있는 나 자신이 자랑스러워서, 마치 세계적인 연구라도 하고 있는 양 착각에 빠져 있었다. 하지만 100쪽이 넘는 분량의 논문을 지도 교관에게 보여주자 원안을 찾아볼 수 없을 만큼 숱한 부분에 빨간색으로 수정을 해서 돌려주었다. 내게는 최초의 논문 집필이니까 어쩔 수 없다고 단념하고 그 빨간색으로 표시된 (수정이라기보다 거의 전부 새로 쓰인) 논문을 다시 타자기로 쳤다.

　게다가 그 논문을 집필하면서 동시에 매일 실험도 병행해야만 했다. 논문을 쓰고 있다고 해서 연구 속도를 늦춰도 될 만큼 도쿄대 연구실은 만만하지 않았다. 가혹한 노동조건으로 마치 급여를 받지 못하는 사회인이나 다름없다고, 같은 연구실의 동급생과 푸념을 하기도 했다.

　도쿄대 입학 전에는 혼고本郷 캠퍼스(도쿄와 지바현에 있는 여러 캠퍼스 중의 하나로 도쿄도 분쿄구에 위치한다 — 역주) 내의 연구실에서 매일 밤늦게까지 마음껏 연구에 몰두하다가 아카몬(도쿄대 혼고 캠퍼스에 세워져 있는 빨간색 문. 도쿄대의 상징으로 잘 알려져 있다 — 역주)을 지나 밤 10시경 집으로 돌아가는 모습을 동경했지만, 막상 실제로 대학원에 들어가 압박감 속에서 학교생활을 해보니 여간 힘든 게 아니었다. '이상과 현실은 이렇게나 다르구나!' 하고 뼈저리게 깨달았다.

　여러 차례에 걸쳐 논문을 첨삭 받고 났더니 과연 수정해야 할 점이 훨씬 줄어들어 이제 한 페이지에 몇 줄 정도가 되었다. 그렇다면 타자기로 처음부터 새로 칠 게 아니라 수정한 부분만 풀과 가위로 잘라 붙여도 될 것 같았지만, 지도 교관이 당장 다시 타이핑하라고 지시했다. 전체를 완벽하게 고치지 않으면 읽기 힘들다는 이유에서였다.

100페이지나 되다 보니 전부 다시 치려면 꼬박 이틀은 걸린다. 게다가 연구 작업도 자꾸 늦어지게 되자 뭔가 좋은 방법은 없을까 하고 궁리했다.

나는 이 일을 계기로 컴퓨터와 만났다. 문서 작성 편집 프로그램을 구입해 이틀이 걸릴 작업을 단 몇 시간 만에 완료했다. 그 후 연구실에 컴퓨터 도입을 총지휘하는 리더가 되었고 그 역할로 높은 평가를 받았다.

대학원을 졸업하고 나서 제약 회사에 입사한 직후에도 이같은 일이 있었다.

이뇨제를 연구 개발하던 시기에는 우선 하루 종일 실험을 해야 했고 게다가 그 실험 결과를 또 꼬박 하루 동안 계산해야 했다. 일주일은 월요일부터 금요일까지이므로 그 밖의 잡무를 처리하는 데 하루를 쓰고 나면 정작 실험을 할 수 있는 날은 일주일에 두 번밖에 되지 않았다. 처음에는 상사의 지휘하에 연구했지만 내가 그 연구를 인계 받게 되었을 때, 상사가 하루 온

종일 전자계산기를 붙들고 씨름하고 있는 모습을 보고 '뭔가 단단히 잘못된 거야!' 하는 생각이 들었다. 그리고 엑셀 같은 계산 프로그램을 이용하면 더 효율적이겠다는 데 생각이 미쳤다.

상사에게 허가를 받으려 품의를 올렸지만 상사는 내 의견을 제대로 듣지도 않고 '안 돼!' 하고 승인하지 않았다.

프로그램을 설정하는 데 시간이 걸린다는 이유를 대기에, 이를 설정하는 데는 한 시간도 채 걸리지 않는다고 아무리 설명해도 이해하려 들지 않았다. 그래서 더 이상 설득하기는 힘들다고 판단하고는 우선은 실적을 보여야겠다고 마음먹었다.

회사에서 점심시간에 분석 프로그램으로 계산식 설정과 매크로 작성을 실시했더니 하루가 꼬박 걸리던 계산 작업이 불과 2분 만에 해결되었고 그래프도 자동으로 생성되었다. 이로써 나에 대한 사내 평가는 '컴퓨터 마니아'에서 '능력 있는 남자'로 180도 달라졌다.

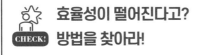

효율성이 떨어진다고?
방법을 찾아라!
CHECK!

'마음의 방향'이
합격을 결정한다

★

이처럼 사람에 대한 평가는 현재 수준이 기준이 아니다. 중요한 것은 그 사람이 지금보다도 위를 향하고 있는지 아닌지, 마음이 향해 있는 방향이다.

여러분이 대학 입시에 실패했다고 가정해보자. 설령 도쿄대를 목표로 했다가 안타깝게도 합격하지 못하고 제2지망 대학에 진학했다고 해서 비판할 필요는 없다. 물론 원하는 대학에 합격하겠다는 목표를 달성하는 일은 매우 중요하지만, 합격한 대학교를 졸업한 후에 도쿄대 대학원으로 진학하면 똑같은 도쿄대졸이다.

사실 도쿄대에 입학하기보다 도쿄대 대학원에 입학하기가 더 수월하다. 대학 입시는 학력을 넓고 얕게 심사하는 일이므로, 굳이 말하자면 다음과 같은 조건을 지닌 사람이 유리하다.

· 요령이 좋은 사람
· 입시 명문고에 다니면서 많은 정보를 수집한 사람
· 같은 목표를 가진 동지가 있는 사람

본인의 노력뿐만이 아니라 정보량이나 경제력에서도 큰 차이가 벌어진다. 환경 등 그 외의 조건이 크게 좌우한다.

그렇다면 대학원 시험은 어떨까. 대학원 입시를 전문으로 하는 학원은 거의 없는 것으로 알고 있다. 즉, 대학원 시험은 다음과 같은 이유에서 대학 입시보다 훨씬 수월하다.

· 입시 정보에 차이가 없다
· 자신이 잘하는 전문 분야에서 평가받는다

사회에 나가도 마찬가지다. 학력이 낮아서 차별을 받았다고 하는 사람이 있다. 그것은 의견으로서는 옳고 사회정의의 관점에서는 바꿔나가야 하겠지만, 사회가 변화하기를 기대해도 지금 당장 해결되지 않는다. 가령 높은 학력이 없더라도 공정하게 평가받을 수 있는 환경을 선택하는 것이 현명하다.

오늘날 전 세계가 불경기인 상황에서 영업직인 경우에는 다음 두 가지 유형 중에서 누가 더 높은 평가를 받을까.

· 제품이 팔리지 않는 이유를 논리적으로 설명할 수 있는 고학력자
· 다른 사람보다 많이 판매하지만 학력이 낮은 사람

당연히 많이 파는 사람이 더 높이 평가받을 것이다. 마음의 방향이 위를 향하고 있는 사람은 반드시 좋은 성과를 올릴 수 있다. 만약 올해 합격하지 못한다 해도 내년에 합격하면 문제없으며, 앞에서도 말해듯이 현재 상황에서는 큰 차이가 아니다.

내 인생을 조금 더 고백하자면, 나는 무려 유치원 입원 시험에서 떨어졌다. 심지어 시험을 치러야 하는 입시 유치원도 아니고 보통 유치원이었다. 어쩔 수 없이 유치원에 부정 입학을 했다. 유치원을 뒷문으로 들어가다니 정말로 어처구니없는 이야기지만 당사자에게는 심각한 문제다.

어머니의 입에서는 낙담하는 소리가 절로 흘러나왔다.

"이 아이의 인생이 앞으로 어떻게 되려나. 아무나 다 합격하는 유치원에 혼자서만 떨어지다니!"

그때 아버지는 이렇게 말했다고 한다.

"인생에서 지금이 최악이니 더 이상 떨어질 일은 없다. 이제는 위를 향해 올라가기만 하면 돼."

아버지의 말을 듣고서야 어머니는 무척 마음이 놓였다고 한다.

그리고 그 아이는 20년 후에 도쿄대학교를 최상위 성적으로 졸업하고, 또 우수한 성적으로 도쿄대학교 대학원에 합격했다.

되풀이하지만, 지금 현재의 수준이 문제가 아니다. 마음이 위를 향해 있는지 아닌지가 중요하다. 나를 포함한 대부분의 도쿄대생은 머리가 좋아서 합격한 것이 아니라, 어쩌면 합격했기 때문에 머리가 좋다는 말을 듣는 것일지도 모른다.

암기법 세미나를 할 때마다 "선생님은 우수하니까 암기법을 습득할 수 있었던 거 아닌가요?" 하는 질문을 받을 때가 가장 안타까웠다.

내게는 암기법을 습득하기 위해 2년 동안 고군분투한 역사가 있기 때문이다. 당신은 그 2년의 시행착오 없이 핵심만 터득할 수가 있거늘, 그 노력도 하지 못하겠는가.

목표를 정해 노력하기도 전에, 지레 안 될 거라고 자신의 인생을 부정적으로 단정 짓는 사람이 너무도 많다.

 중요한 건 위로 올라가려는 마음!

모든 답은
'한가운데'에 있다

★

모든 일의 본질은 극단적이 아닌 곳에 있기 마련이지만, 대부분의 경우 극단적이지 않은 이야기는 제대로 전달되기 어렵다. 다시 말해, 본질은 두드러지지 않기에 오히려 오해를 초래하기 쉽다.

이를테면, 도쿄대에 합격하려면 오랜 시간 공부해야 한다고 쓰여 있는 합격 체험기가 있다. '하루에 16시간 공부했다' 하는 사람이 있는가 하면 '거의 하지 않았다' 하는 말도 나온다.

나는 이 두 가지 말이 모두 본질을 건드리지 못하고 있다고 생각한다. 만약 16시간이나 공부한 덕분에 합격한 사람이 있다면, 이 사람은 조금 더 시간을 줄였더라면 더 수월하게 합격했을 것이다. 시간을 오래 들이면 들일수록 시간당 효율이 낮아지기 때문이다.

그렇다고 해서 하루에 한 시간만 공부해서는 아무리 능률이 좋은 방법이 있어도 합격할 리가 없다. 이처럼 모든 일에 대한 정답은 '한가운데'에 있다.

또한 하루의 생활 시간 중에서 공부와 관계없는 일은 절대로 하지 말아야 합격할 수 있다고 착각하는 사람이 있다. 어떤 자격시험을 목표로 하고 있다는 사람을 상담해준 적이 있는데 그 사람은 현재 일본 총리가 누구인지도 모르고 있었다. 그 사람은 공부하는 데 목적이 있는 게 아니라 어떻게 하면 공부 외의 일을 하지 않을 것인지에 집중하고 있었던 것이다.

진짜 골치 아픈 문제는 그러한 극단적인 공부법도 결과적으로는 대체로 맞는 것처럼 보인다는 데 있다. 하지만 하루는 24시간으로 한정되어 있어서 마지막 순간에는 반드시 잘못 틀어지고 만다. 사람은 그렇게 인내심이 강하지 않기 때문이다.

나 역시도 인내심이 강하지 못하고 즐거움 없이는 살아갈 수 없다. 한마디로 끈기가 없는 사람이지만 아무런 노력도 하지 않고 성공할 수 있다고는 생각하지 않는다.

암기법에 대한 일반적인 견해에도 똑같은 점이 있다. 암기법은 꿈같은 기술도 신 같은 기술도 아니다. 전혀 읽어본 적이 없는 책을 하룻밤에 한 권 다 외울 수는 없다. 하지만 확실히 시험에 합격할 수 있는 기술인 것만은 틀림없다.

 극단보다는 적정선을 찾자!

확실히 성공하는 마법의 주문

'인생은 잘 풀리게 되어 있어!'

농담으로 들릴지도 모르지만, 나는 이 말을 모든 사람의 머릿속에 영원히 사라지지 않게 각인해두고 싶을 정도로 중요하게 생각한다. 앞서 말했듯이, 성공하는 사람은 도중에 그만두지 않는 사람이다. 또한 성공한 사람도 성공한 뒤에 계속해 이어지는 인생이 있다. 인생은 완만한 산을 영원히 오르는 것이나 다름없다.

아폴로 계획에 참여했던 우주 비행사 중에는 지구로 귀환한 뒤 인생의 목적이 없어져 노이로제에 걸린 사람이 있다. 달에 갈 때까지의 인생밖에 생각하지 않았기 때문이라고 한다.

인생이란 목적을 달성하기까지 힘겹더라도 계속 노력해서 마지막에 성공의 열매를 거머쥐는 것이 아니다. 그렇게 생각하면 언제까지고 마음이 편해질 수가 없다. 성공 뒤에는 그 다음 여정이 반드시 있기 때문이다.

대개 사람들은 잘 모를 테지만, 도쿄대에 입학하고 나면 입시보다 한층 더 치열한 경쟁이 있다. 도쿄대의 모든 학과가 그런 것은 아니고, 특히 이과계에 속하는 두 종류의 학과(이과1류, 이과2류)의 총 1,500명 사이에서 존재한다.

도쿄대학교는 다른 대학들과는 달리, 입학할 때 자신이 가고 싶은 학부에 반드시 갈 수 있는 시스템이 아니다. 진학 배정이라고 해서 대학 1학년 때와 2학년 때의 성적으로 학부를 나눈다.

학부와 학과는 본인의 희망을 토대로 하여 성적순으로 결정된다. 따라서 자신이 희망하는 학부에 반드시 갈 수 있는 게 아니라는 불합리한 면도 있지만, 반면에 대학에 들어간 후에 차분히 자신의 진로를 생각하고 찾을 수 있다는 멋진 이점도 있다. 또한 이과계라고 해도 소수 인원은 법학부나 경제학부 같은 문과계와 의사가 되는 과정인 의학부 의학과로 진학할 수도 있다.

도쿄대학교에 합격할 정도이므로 전국의 수재가 다 모여 있다. 그 수재들 속에서 성적을 겨뤄야 하니 보통 일이 아니다. 입학시험 때보다도 더 많이 공부할 수밖에 없다.

　'대학에 입학하면 다들 공부하지 않는다'라는 한탄을 자주 듣게 되지만, 도쿄대만큼은 다르다. 모두 자신이 누구보다도 우수하다는 강한 자부심이 있기 때문이다.

　나도 수면 시간을 지나치게 줄여가면서까지 공부를 너무 많이 한 탓에 수학 시간에 빈혈로 쓰러져 아주 난리가 난 적이 있다. 그 전년도에 1학년 학생 세 명이 심장마비로 사망한 일이 있었기 때문에 더 심각하게 여겨진 것도 있을 터였다. 친구가 학생 식당에서 쓰러졌다는 이야기쯤은 심심찮게 들려오곤 한다. 사람들은 "공부 많이 한다고 해서 죽지 않아" 하는 말을 쉽게 하지만 '정말로 공부를 너무 많이 하다가 죽을 수도 있구나!' 하고 생각했을 정도다.

　자신이 원하는 학부에 무사히 진학해도 그 후 더욱 가혹한 환경이 기다리고 있다. 학부 진학 후에 들어가는 연구실에서는 주 1회, 연구 진척 상황을 보고한다. 그 연구에 관련해서 20년, 30년씩 경험이 있는 지도 교관이 딱 일주일 만에 아슬아슬하게 해낼 수 있을 정도의 작업량을 할당해준다.

　그러면 아무리 도쿄대생이라 해도 연구에는 초보자이므로

아무리 열심히 해봐야 좀처럼 성과를 내지 못할 때가 있다. 좋은 결과물을 얻지 못하면 '능력 없는 녀석'으로 찍혀 혹독한 평가를 받게 되므로 그것만큼을 절대로 피하고 싶다. 그래서 이른 아침부터 밤늦게까지 죽기 살기로 연구에 온 힘을 쏟아붓는 것이다.

대학교 4학년이 되면 대학원 시험이 있다. 도쿄대생이 도쿄대 대학원 입학시험을 쳤다가 떨어지기도 한다. 실제로 그런 동급생이 적지 않았다. 대학원에도 정원이 있으니 어쩔 수 없는 일이다.

그렇지 않으면 대체로 회사에 취직한다. 나는 학생 시절을 워낙 바쁘고 정신없이 보냈기에 입사한 해에는 '사회인은 이렇게 편한 건가!' 하고 천국이라도 되는 것처럼 착각했다. 하지만 그렇게 편안한 시기는 잠시였을 뿐, 회사의 입장에서는 엘리트 학생을 직원으로 맞아들였으니 잇달아 어려운 연구 과제를 해결하기를 기대한다. 그렇게 주어진 연구 과제를 모조리 해결해야만 한다.

이렇듯 인생은 성공할 때마다 더 높은 장애물이 따라다니는 것이다. 만약 성공해서 달콤한 열매를 손에 넣기만 하면 지금까지 겪은 역경과 고난에서 해방될 거라고 기대했다가는, 성공한 후에도 고생이 지속되고 마음이 편해질 날 없는 현실을 정신적으로 버텨내지 못할 것이다.

인생은 영원히 끝나지 않는 등산과 같다. 때로는 맑은 날도 있고 흐린 날도 있으며, 조금 앞으로 되돌아가기도 하고 즐거운 이벤트도 있기 마련이다. 힘들 때 이 고통이 앞으로도 끝없이 계속될 거라고 생각하면 한 발짝도 더 앞으로 나아갈 수 없게 된다.

도쿄대에 재학 중인 학생(이과3류)에게 들은 이야기다.

"합격할 수 있었던 가장 큰 요인은 뭐였나?" 하고 묻자 "철저하리만치 긍정적인 사고, 낙관주의입니다" 하고 대답했다.

그 학생은 전국 모의고사에서 합격 가능성 30퍼센트라는 결과가 나와도 '세 번에 한 번은 붙을지도 몰라' 하고 낙관적으로 생각하고 힘들어도 노력을 계속했다고 한다.

그가 목표를 달성한 성공 요인은 아무리 힘들 때도 '인생은 잘 풀리게 되어 있어!'라고 생각하면서 위를 바라보고 걸어가기를 멈추지 않았던 것이라고 할 수 있다.

 힘들 때 외쳐보자.
CHECK! **"인생은 잘 풀리게 되어 있어!"**

실패하면 '그저 기분 탓'이라고 생각한다

'인생은 잘 풀리게 되어 있어!'라고 생각한다 해도, 물론 처음부터 그렇게 생각만 하면 다 잘되는 것은 아니다. 첫 도전에서는 성공하지 못하는 게 보통이고 조짐이 좋지 않으면 낙담하거나 우울해지는 것도 사실이다.

처음부터 다 잘되어가면 그야말로 인생은 편하겠지만, 반드시 실패할 거라고 생각하라. 그리고 실패하면 그 일을 '그저 기분 탓'이라고 여기자.

세상에 실패 없이 성공하는 사람은 단 한 명도 없다. 반면에 실패하지 않고 성공하고 싶은 사람이 대부분일 것이다.

실패하지 않는 가장 좋은 방책은 행동하지 않는 것이다. 행동해 일을 만들지 않으면 당연히 실패할 일도 없다. 하지만 아무런 행동을 하지 않고 오랜 시간을 보내면 보낼수록 '실패 비용'(내가 만든 말이다)이 커진다.

한 달에 한 번밖에 도전하지 않는 사람과 한 달에 다섯 번 도전한 사람 중에서 누가 성공할 확률이 더 높을까? 물론 다섯 번 도전한 사람이다.

이때 최대한 많이 준비하는 것이 포인트이다. 그렇다고 해서 준비하는 행위를, 행동에 나서야 하는 두려움에서 벗어나기 위한 구실로 삼지 않도록 주의해야 한다. 사람은 어떻게든 성공하고 싶다는 소망이 생기면 그 소망을 이루기 위해서 시간을 충분히 들여 완벽히 준비해야 한다고 생각하기 쉽다. 하지만 이 세상에는 **성공하기 위한 완벽한 준비 같은 건 절대로 없다.**

가능한 한 많이 준비해서, 혹은 가능한 한도까지는 준비하지 못하더라도 실제로 도전할 수 있는 수준까지 왔다면 재빨리 행동을 해야 한다.

그 행동은 어쩌면 실패할지도 모른다. 하지만 한 달 동안 준비해서 한 번 크게 실패를 하기보다는, 다섯 번에 나눠 작은 실패를 하면 각각의 실패는 5분의 1의 실패 비용으로 끝낼 수 있다.

한 번의 실패에 대한 비용이 낮으면 낮을수록 그 실패로 인한 정신적 충격이 적어서 재기하기에 더 수월하다. 실패를 솔직하게 돌아볼 수 있는 정신적, 육체적인 여유가 생겨 다음번에 도전하는 데 가장 필요한 원인 분석이 가능해진다.

그러면, 진부한 표현이긴 하지만 실패가 아니라 성공으로 한 단계 나아가는 것이다. 소소한 실패 경험이 성공으로 나아가는 길을 연구하는 데 좋은 자료가 된다. 뒤에서 설명할 영단어 학습법(3배속 암기법)도 이와 마찬가지 원리로 개발한 방법이다.

 우선 행동하라, 성공하면 좋고 실패해도 성공의 발판이 될 것이다.

힘이 되어주는
세 지원군

★

　이쯤에서 한 가지 당부하건대, 여러분은 결코 혼자가 아니라는 사실과 인간은 절대로 고독하지 않다는 사실을 인식하길 바란다. 구체적으로는 다음의 대상들과 대화하길 바란다. 실제로 꼭 해보자.

　· 자기 자신
　· 주변 사람들
　· 책

첫째는 자기 자신과의 대화이다. 먼저 자신의 장점을 열거해보자. 머릿속으로만 생각하지 말고 실제로 종이에 써 내려가는 것이 좋다. 될 수 있는 한 많이 꼽아보자. 마구 갈겨써도 상관없다. 머릿속에 떠오른 것을 쭉 적으면 된다. 적으면서 상상력을 발휘해 자신의 새로운 점이나 좋은 점을 떠올려보자.

그다음에는 단점을 나열해보는 것이다. 그리고 나서 장점과 단점을 천칭에 달아 비교해보면 자신이 의외로 장점이 많은 사람이라는 사실을 알 수 있다.

둘째로 주변 사람들과의 대화이다. 대화라고 해서 꼭 직접 만나서 이야기할 필요는 없다. 대화하고 싶은 사람을 머릿속에서 이미지로 떠올려보면 된다. 가족도 좋고 친구도 좋다.

가족과 불화를 겪거나 친구가 없는 사람이 있을지 모른다. 그래도 전혀 문제없다. 여러분이 태어나 지금까지 만났던 사람들 가운데서 다시 한번 이야기를 나눠보고 싶은 사람을 떠올리면서 열거하면 된다.

현실에서 그 사람과 대화를 나눌 수 있느냐 아니냐는 중요하지 않다. 가능하다면 100명 이상 꼽아보길 바란다. 여러분이 지금까지 다양한 많은 사람들에게 좋은 영향을 받았다는 것을 새삼 느낄 수 있다.

셋째로 책과의 대화이다. 지금까지 읽은 책 속에서 이런 사람과 만나고 싶다는 생각이 들었던 사람이 있다면 열거해보자. 가능하면 이 또한 100명 이상 꼽아보길 바란다.

이런 식으로 대화 작업을 해보면 다음과 같은 사실을 알 수 있다.

· 나는 그렇게 나쁜 사람은 아니다
· 내 주변에는 훌륭한 사람이 많다
· 지금까지 살아오면서 좋은 영향을 받은 인생 선배들이 많이 있다

이번에는 이 목록 중에서 어떤 사람과 함께라면 자신의 마음이 편안해질지, 안심하고 대화를 나눌 수 있을지를 생각해보자.

그리고 그 사람을 만나러 가는 것이다. 직접 만나도 좋고 책 속에서 만나도 상관없다. 옛날과 달리, 오늘날은 도서관 서비스도 다양하고 풍부해진 데다 특히 인터넷이 보급되면서 질 좋은 정보를 거의 무료로 얻을 수 있는 시대다. **우리에게 필요한 건, 적극적인 행동이다.**

그런데 이처럼 성공의 요소가 세상에 넘쳐나는 데도 여전히 성공하는 사람은 적다는 생각이 든다.

인터넷에서 손쉽게 찾을 수 있는 노하우는 도움이 되지 않는 걸까. 실은 도움이 되지 않는 게 아니라, 단지 실행하지 않을 뿐인 건 아닐까? 아니면 약간의 실패에도 좌절할 뿐일지도 모른다.

시험 삼아 다음 사항을 목록으로 작성해보자.

· 자신보다 능력이 있(다고 생각되)는 데도 성공하지 못한 사람
· 자신보다 능력이 없(다고 생각되)는 데도 성공한 사람

성공에는 능력의 차이가 관계없다는 사실을 알 수 있다. 가장 중요한 핵심은 행동을 하느냐 아니냐에 있다.

내게 좋은 영향을 주는 사람과 대화를 해보자!

CHECK!

가장 힘이 센 동력,
마음

어떤 라디오 방송에서 들은 이야기다.

다이어트를 하기로 마음먹은 남성 두 명이 일주일에 두세 번 운동장 트랙을 돌기로 하고, 같은 출발선에서 같은 방향으로 경쟁하면서 열심히 달리기 시작했다.

그런데 다이어트를 목표로 했다는 데서도 알 수 있듯이 체중이 많이 나가서 원래 달리기를 잘하지 못했다. 게다가 이 두 사람은 예전부터 사이가 무척 좋았는데, 이제는 상대방을 만나면 괴로운 연습이 시작되다 보니 점점 서로를 싫어하게 되었다고 한다.

여태껏 사이가 좋았는데 달리기 연습 때문에 사이가 벌어지는 게 싫어서 스포츠 트레이너에게 이 문제를 상담했더니 재미있는 아이디어를 제안해주었다.

"같은 방향으로 함께 출발하지 말고, 등을 마주 대고 반대로 달려보면 어떨까요?"

"그리고 트랙의 반대쪽에서 상대를 만나면 연습을 그만두는 겁니다."

그러자 신기하게도 두 사람 다 연습을 서둘러 끝내고 싶은 마음이 드는 데다, 서로 조금이라도 빨리 만나고 싶은 마음이 생겨 상대방에 대한 감정이 '만나고 싶다=좋아한다'로 바뀌었다고 한다.

인간의 감정은 논리나 이치대로 움직이지 않는다. 따라서 성공할지 아닐지는 이러한 정신적인 요소가 크게 좌우한다.

어떻게 하면 성공하는가? 그 성공으로 가는 길은 이치에 근거한 체계가 받쳐주고 있으며 그 이치에 맞춰 완주하게 하는 엔진이 바로 감정이다. 결국 자신의 감정을 어떻게 고무시켜 분발하게 하는 시스템을 만드느냐가 중요하다.

 '하고 싶은 기분'은
CHECK! **가장 쉽고 효과적인 동력!**

공부하기 싫은 과목에 대한 '감정 처리법'

'상대성 법칙'을 알고 있는가.

'어떤 감각은 그 직전, 또는 동시에 일어난 다른 감각으로 덮어씌워진다'는 법칙이다.

내가 아는 한 여성이 고혈압 때문에 극저염 식단으로 생활하고 있었다. 원래 짠맛을 좋아하는 사람이어서 저염 식사가 아주 고역이었다. 그래서 궁리 끝에 염분 없는 식사의 마무리 단계에서 아주 짠 매실장아찌를 조금 먹는다. 식사 맨 끝에 짠 음식을 먹으면, 그전까지 염분 없는 음식을 먹은 감각이 사라지고 충분한 만족감을 얻을 수 있다고 했다.

나도 우연히 그와 같은 경험을 한 적이 있다.

나는 줄곧 IT 회사를 경영했다. 고객사로부터 IT 시스템 개발을 의뢰받아 정해진 예산과 납기의 범위 내에서 만들어 납품하는 일이다.

정장을 쫙 차려입고 번듯한 회의실에서 뭔가 어려운 이야기를 나누고 있으니, 누가 옆에서 보면 '멋지네!', '근사한 일을 하는구나!' 하고 생각할 것이다. 냉난방 시설이 빵빵하게 갖춰진 사무실에서 컴퓨터를 다루며 일하고 있으니 그럴 만도 하다.

하지만 실제로 하는 일을 들여다보면 그러한 이미지와는 정반대이다. 기술적이고 전문적인 일이긴 하지만 거의 육체 노동에 가까워서 여간 힘들고 지치는 게 아니다.

세상에서는 보통, 업무를 의뢰하고 발주하는 쪽이 갑이므로 다음과 같이 어려운 조건으로 끝없이 요구하는 고객이 가끔 있다.

· 예산은 변동 없음
· 기능은 대폭 추가
· 납기도 변동 없음

나는 이런 고객사를 방문하는 일이 너무도 싫어서 미칠 지경이었다. 그나마 내가 사장이니까 일정이나 업무 방식에 나름대로의 융통성을 발휘할 수 있었다는 점이 다행이었다.

우리가 개발한 프로그램을 반드시 직접 만나서 거래를 해야 해서, 시스템 개발 업무를 할 때는 다양한 안건으로 일주일에 한 번 그 고객과 만나서 회의를 했다.

· 업무의 진행 상황 보고
· 개발 진행한 단계까지의 시험 작동 시범
· 앞으로의 세세한 기능 개선, 개량 계획

하지만 주초부터 이렇게 까다로운 고객을 만나면 아무래도 기분이 가라앉아서 그 여파가 그날 이후의 업무에까지 영향을 미친다. 그 주에 해야 할 업무가 많다 보니 결코 좋은 방법이 아니었다. 그래서 이런 회사와는 언제나 한 주의 마지막 날, 즉 금요일에 회의를 하기로 했다.

주 5일제 근무이므로 주말 이틀 동안 그 피폐해진 정신 상태를 회복하려고 계획한 것이다. 금요일이 되면 오전 중에는 회사에서 업무를 보고, 오후에 가장 먼저 그 고객과 미팅을 진행한다. 끝나는 시각은 대체로 오후 4시경이다. 회사로 다시

들어가기는 애매한 시간이라 그대로 퇴근한다. 일식집에 가서 무척 좋아하는 고급 스시를 만족스럽게 먹고, 술은 별로 마시지 않는 편이지만 맥주를 한 잔 곁들이고는 좋아하는 영화를 본다.

그러면 신기하게도 그 싫은 고객을 찾아가 회의하는 일이 그다지 싫지 않게 느껴진다. 싫기는커녕 또 가고 싶은 기분마저 들어, 가능하면 매일 가고 싶은 기분마저 들게 된다.

싫은 체험을 멋진 체험으로 덮어씌우는 것, 이것이 내가 체득한 '상대성 법칙'이다. 이를 공부에도 적용할 수 있다. 되풀이해 말하지만, 어떤 감각은 그 직전 또는 동시에 일어난 다른 감각으로 덮어씌워지기 마련이다.

여기까지 읽고, 내 사례가 자신의 회사를 경영하고 있는 사람이나 가능한 일이라고 생각할지도 모르지만 이 이야기는 한 가지 예에 지나지 않는다. 누구나 실천 가능한 예는 이후에 상세히 소개하겠다.

**꼭 해야 하는 싫은 일을
좋아하는 일로 덮어씌울 수 있도록 배치하자!**

CHECK!

2장

암기법 워밍업 :
필기 없이도 교재 1권을
외워낸 기본 전략

도쿄대 수업 중에
노트 필기를 하지 않았던 이유

★

나는 세미나에서 자주 도쿄대 재학 중에 노트 필기할 필요가 전혀 없었다고 말한다. 믿기 어려운 말일 수도 있다. 실제로 사람들 대부분이 그런 일은 있을 수 없다며 의아해한다. 하지만 정말로 가능하다. 암기법을 습득하면 당연한 일이다. 그 정도로 암기법은 대단한 기술이다.

노트에 필기하지 않아도 되었던 이유를 자세히 설명해보려고 한다.

대학교에서는 강의를 하는 교수가 자신이 쓴 저서를 교재로 사용하는 경우가 많다. 일본에서는 대학 강의가 4월에 시작해 이듬해 2월에 끝난다. 강의가 시작된 지 두 달 정도 지나 교수의 강의가 이 책 내용에서 그다지 벗어나지 않는다는 것을 알면 이 시점에서 미리 책 한 권을 하루 이틀 사이에 외우는 것이다. 암기법은 대량의 지식을 한 번에 외우는 데 특화되어 있다.

하룻밤에 한 페이지씩, 한 달 걸려 30페이지를 암기하는 게 아니라 30분에 30페이지를 암기하려는 것이 암기법이다. 어딘가 속독과 비슷하다.

속독과 암기법은 둘 다 사람의 두뇌 능력을 최대한으로 발휘하는 기술이므로 다소 차이는 있더라도 결국은 같은 부류이다. 목적이 책을 빨리 읽는 일인지, 아니면 방대한 지식을 확실하게 자신의 것으로 습득하는 일인지, 그 차이가 있을 뿐이다. 이를 큰 차이라고 생각할지도 모르지만 내가 보기에는 결코 그렇지 않다.

이야기를 되돌리면, 강의가 시작된 지 두 달쯤 지나 대략 강의가 그 책 내용에서 벗어나지 않는다는 사실을 알아차린 단계에서, 우선 그 책을 처음부터 끝까지 단번에 '가볍게' 읽는다. 그리고 대략적인 내용을 이해한다(나는 이 단계를 '70% 이해'라고 부른다).

그다음에는 어느 부분을 기억해야 하고 어느 부분을 기억할 필요가 없는지를 엄격하게 구분한다. 이때 '어느 부분을 기억하지 않아도 되는지'가 매우 중요하다. 암기하는 데 자신이 없거나 잘하지 못하는 사람은, 암기에도 '큰 것이 작은 것을 아우른다'라는 말을 적용해 생각하는 경향이 있다.

일반적으로 뭐든지 세세하게 기억할수록 좋다고 생각하지만 이러한 사고방식에는 두 가지 함정이 있다. 하나는 시간이 무한하지 않다는 점, 또 하나는 세세하게 기억하려다 보니 내용을 이해하려는 노력을 포기하게 된다는 점이다. 두 번째가 더 심각한 문제일 수도 있다.

어느 부분을 외울지를 정했다면 하루 이틀 사이에 책 한 권을 단번에 외우고 그 후 여러 번 복습한다. 이렇게 하면 이미 책 한 권이 머릿속에 들어와 있기 때문에 굳이 노트에 필기할 필요가 없는 것이다.

다만 한 가지, 곤란한 일이 있었다. 책 내용, 즉 강의 내용을 전부 암기하고 있는 나로서는 도쿄대 수업이라고 해도 속도가 너무 느려 답답하고 짜증이 났던 것이다.

교수는 거의 예습해 오지 않는 다른 학생들에 맞춰 이야기를 할 뿐이지만, 내 입장에서는 이미 다 알고 있는 내용을 또 한 번 천천히 이해시키려고 설명하는 수업인 셈이다. 물론 다른 학생들은 진도를 따라가기만도 벅차 했다. 그러니 내가 최상위권 성적으로 졸업한 것도 어찌 보면 당연한 일이었다.

여기서 잠깐 짚어보건대, 여러분은 암기법이 과연 어떤 것인지를 정확하게 인식하길 바란다. 암기법은 전혀 이해하지 못했던 책을 한 글자 한 문장까지 외울 수 있는 신의 능력이 아니다. 물론 이해할 수 없는 내용을 암기할 수는 있겠지만 매우 능률이 떨어진다.

여러분이 반드시 습득했으면 하고 바라는 것은 시험에 합격하기 위한 암기법이며 인생의 목적을 달성하는 데 필요한 기억술이다. 단순히 암기했다는 사실을 자랑하기 위한 암기법이 아니다.

간혹 이런 질문을 받을 때가 있다.

"육법전서를 통째로 암기할 수 있습니까? 선생님이라면 할 수 있겠지요?"

나는 일부러 '할 수 없다'고 대답한다. 정확히 말하면 '할 수는 있지만 방대한 시간이 걸린다'는 대답이 맞을 것이다. 그러면 질문을 한 사람은 또 이렇게 묻는다.

"할 수 없다면 의미가 없잖아요?"

이러한 질문을 던지는 사람들은 처음부터 암기법 자체를 부정하고 싶은 것이다.

〈이솝 우화〉에서 높은 나무 위에 열려 있는 포도를 따지 못하자 분한 마음에 "어차피 신 포도일 게 틀림없어" 하고 단정지으며 포기하는 여우의 일화가 나오는데, 이와 같은 상황이다. 솔직한 마음으로는 암기법을 습득해서 자신이 목표로 하는 대학의 입학시험이나 자격시험에 합격하고 싶지만 아무래도 자신이 없다. 그래서 암기법에 적합하지 않은 무리한 장애물을 갖다 대면서 자신을 포기시킬 구실을 만들기 위한 질문일 뿐이다.

실제로 암기법을 사용해 육법전서 한 권을 모조리 외우기는 어렵지만, 헌법을 하룻밤 사이에 외우는 건 가능하다. 민법 전체를 일주일 만에 외울 수는 있지만 그 한 글자, 한 문장까지 완벽히 외울 필요는 없을 것이다.

한 글자, 한 문장을 완벽하게 외우는 게 목적이 아니라 어디까지나 시험에 합격하기 위한 암기법이라는 사실을 잊지 말자.

필기가 필요 없는 필승 예습법
1. 통독하여 전반적인 내용을 이해한다.
2. 암기할 부분과 암기하지 않을 부분을 구분한다.
3. 암기할 부분만 암기한다.
4. 여러 번 복습한다.

현실적으로 가장 빠르게
합격하는 치르키

★

　암기법은 정말로 놀랄 만큼 큰 효과를 발휘한다. 인류사상 영원한 과제라고도 할 '기억력을 향상시키고 싶다'는 욕망을 쉽게 이룰 수 있기 때문이다. 더구나 평범한 기억력으로도 극적으로 향상시킬 수 있다.

　암기법을 습득하면 그때부터 인생이 끝날 때까지 기억력에 대한 콤플렉스가 없어진다. 외웠다가 잊어버리고, 잊어버리고는 다시 외우는 고생에서 해방되므로 마음이 무척 자유로워진다.

　로버트 레드퍼드가 주연한 영화 〈라스트 캐슬〉에서 이런 장면이 나온다. 주인공 레드퍼드가 형무소에 수감되어 몇십 킬로그램이나 되는 돌을 오른쪽에서 왼쪽으로 10미터 정도 옮기는 형벌을 받는다. 그리고 겨우 다 끝났다 싶을 때 이번에는 왼쪽에서 오른쪽으로 옮기라는 명령이 떨어진다.

여러분이 암기에 관련해 평소 경험하는 일도 이 바위 옮기기와 같지 않을까. 외웠다 잊어버리기를 반복하는 가운데, 어쩌면 외우기보다 잊는 속도가 더 빠른 게 아닐까 하는 생각마저 든다.

시험일이 점점 다가온다. 열심히 애써서 암기한다. 간신히 10페이지를 외우고는 복습해보니 이미 거의 잊어버렸다. 이제는 어떻게 해야 할지도 모를뿐더러 공부에 대한 의욕마저도 잃고 만다.

암기법을 습득하면 그런 인생에서 100퍼센트 해방된다. 언제든 외울 수 있으므로 시험 며칠 전부터 외우기 시작할 필요가 없다. 직전에 외워도 책 한 권을 암기할 수 있다.

나는 이런 경험을 한 적이 있다. 도쿄대 학내 시험 때의 일이다. 그때는 수학 등 암기 비중이 적은 과목이 무척 어려워 시간이 걸리기 때문에 부득이하게 암기 과목은 나중으로 미룰 수밖에 없었다. 하지만 암기법을 완전히 습득하고 있었던 나는, 이 정도 분량의 지식이라면 이 정도 기간에 외울 수 있다고, 정확히 가늠할 수 있었다. 그 과목 시험은 단지 교과서를 50페이지 정도 외우면 되는 시험이니까 한 시간만 있으면 충분하다고 생각했다.

그래서 나는 시험 당일 아침 식사 전에 한 시간 일찍 일어나서 이른 아침의 맑은 머리로 단번에 50페이지를 암기했다. 물론 함께 수업을 듣는 우수한 도쿄대생들 가운데서도 뛰어난 성적을 받았다.

이렇듯 암기법을 익히면 암기에 대해 보편적으로 갖고 있는 '힘들고 고생스러운 일'이라는 고정관념이 100퍼센트 뒤집힌다. '부자들은 절대 싸우지 않는다'라는 속담이 있듯이, 암기 비중이 큰 시험에서도 억만장자가 된 듯 여유로운 마음으로 시험에 임할 수 있다. 암기법을 습득하면 '암기장자'가 될 수 있다.

암기법을 가르치다 보면 이렇게 궁금증을 표현하는 수강생도 많다.

"제가 암기법을 완전히 습득한 건지 아닌지 잘 모르겠어요."

암기법을 완전히 습득했다고 말할 수 있으려면 시험이 다가오는 압박감 속에서 방대한 양의 지식을 기억할 수 있어야 한다. 이때 가장 중요한 요소는 자신의 일정대로 소화해내는 일이다.

공부의 60퍼센트 이상은 기억이 차지하므로 학생에게 있어 암기법은 공부나 입시에 절대적인 효과를 발휘할 것이다. 사회인이 되어서도 자격증 취득 시험 등에서 큰 효과를 발휘할 것이 분명하다.

나처럼 30년이 넘도록 도쿄대 합격자를 한 명도 배출하지 못한 고등학교에 다녀도 도쿄대에 합격할 수 있으며, 더욱이 최상위 성적으로 졸업하는 것도 얼마든지 가능하다. 사회인은 자격증 시험에 전념하려고 굳이 지금 다니는 회사를 그만두지 않고도 일을 계속하면서 어려운 자격시험을 돌파할 수 있다.

암기법의 더욱 큰 장점은 한번 암기법을 습득하면 몇 년이 지나도 사용할 수 있다는 데 있다. 마치 자전거를 한번 배워 익히면 줄곧 탈 수 있는 이치와도 비슷하다.

본래 암기법은 누구나 터득할 수 있다. 고생해서 고도의 기술을 습득하는 게 아니라, 일종의 감각을 익히는 일이다.

이 책에서 설명하는 암기법을 따라 하다 보면 70세 고령자도 3주 만에 현역 도쿄대생보다 기억력이 더 좋아질 수 있다.

한번 터득하면
CHECK! 평생 사용할 수 있는 것이 바로 암기법!

암기법에서
가장 중요한 것

내가 말하는 암기법이란 과연 무엇인지, 그리고 다른 암기
법과는 어떻게 다른지 질문을 많이 받는다. 이 암기법에는 두
가지 중요한 특징이 있다.

· 최단 경로로 암기법을 습득할 수 있다
· 목표 달성을 위해 암기법을 어떻게 '적용'할지를 터득할 수 있다

특히 이 '적용' 부분이 중요하다.

내 암기법은 시험에 합격하는 데 정말로 유용하고 실천적

인 방법이다. '적용'은 암기법의 영역이 아니라고 생각할 수도 있겠지만, 나는 그렇게 생각하지 않는다.

내가 생각하는 **암기법은 단순히 기억하는 기술이 아니다. 이 암기법을 어떻게 적용하느냐가 중요하다.** 보통 사람들은 단지 100개의 항목을 한 시간 이내에 완전히 외우기만 해도 놀란다. 하지만 중요한 것은 그 기술을 어떻게 유용하게 사용하느냐이다.

이번에는 암기법에 대한 심경 변화 단계를 설명해보겠다. **암기법은 도구일 뿐이므로 습득하는 방법은 간단할수록 좋다.** 아래에 제시한 '암기법 습득의 4단계'에 맞춰 여러분도 하루라도 빨리 단계를 밟아 올라가기를 바란다.

제1단계 - 암기법을 의심한다
제2단계 - 암기법을 잘 활용하는 사람들을 보고 놀라워한다
제3단계 - 타인은 할 수 있지만 자신은 할 수 없다
제4단계 - 자신도 암기법을 활용할 수 있다

내가 말하기는 뭣하지만, 암기법은 정말로 굉장한 기술이다. 인생이 달라진다. 나는 실제로 인생이 바뀐 사람을 여러 명 봤다. 이렇게 대단한 기술을 습득하지 않을 수는 없다고 진심

으로 생각한다.

줄곧 꼴찌였던 성적이 단번에 최상위권으로 뛰어오르고, 도쿄대가 사정 범위 안으로 들어오는 등 극적인 변화는 일일이 다 셀 수가 없다.

그런데 '습득하기가 어려워!'라는 선입관에 얽매여 최후의 열매를 딸 때까지 이르지 못하는 사람도 많다. 그래서 필요한 수순을 과감하게 생략하고 최소한 이것만 하면 암기법을 익힐 수 있도록 핵심만을 모아 이 책을 썼다.

또는 암기법을 습득했다고 해도, 앞서 말했듯이 실제로 공부에 어떻게 적용해야 좋을지 고민이 되는 것도 사실이다.

내가 개최하는 세미나에서는 수강생들에게 각자 자신이 암기하고 싶은 과목의 책을 가져오게 해서 내가 아무런 사전 준비 없이 그 책을 어떻게 암기하는지를 실습하는 방식으로 설명하고 있다.

물론 역사 과목은 상정한 범위 내에 있다. 어려웠던 것은 신체의 혈자리였다. 나는 침구鍼灸에 대한 지식이 전혀 없었다. 그리고 놀란 것은 불경이었고 가장 당황했던 것이 미국의 의사 국가시험에 나오는 영문으로 된 문제였다.

암기법을 완전히 익히고 싶어 하는 수많은 사람을 대하다 보면 언제나 '목숨 걸고 하고 있구나' 하고 느낀다. 단순한 놀이가 아닌 것이다. 나는 이렇게 진지한 사람들의 인생을 맡고 있다는 마음가짐으로 세미나를 계속하고 있다.

시험에 합격하는 데 필요한 지식을 최대한 효율적으로 알려주려고 애쓰고 있다.

진지한 각오 없이 무책임하게 대충 해서는 절대 안 될 일이다.

이 책 전반에 걸쳐 상세히 설명하는 경이로운 암기법의 위력을 여러분이 꼭 습득하기를 간절히 바란다.

 암기법의 활용?
CHECK! **당신도 할 수 있다!**

컴퓨터보다
오래 기억할 수 있는 비밀

★

암기법으로 왜 비약적인 양을 암기할 수 있을까? 그 이유를 설명해보겠다.

암기법이 가능한 까닭은 **인간의 '패턴 인식 능력'이 컴퓨터보다 1,000배 더 뛰어나기** 때문이다. 이 1,000배라는 숫자는 정확히 계측한 게 아니라 내 추산이지만 실제로는 그 이상일지도 모른다.

패턴 인식이라고 하면 컴퓨터에 어지간히 능통한 사람이 아니면 그 의미를 잘 모를 것이다. 일상에서 자주 사용되는 것은 디지털카메라의 얼굴 인식 기술이다. 디지털카메라의 인식 기술로 수많은 집단 속에서 자신의 얼굴만을 인식하게 하기도 하고, 웃는 표정을 지으면 자동으로 셔터를 누르게도 할 수 있다.

도트로 형성된 명암에서 얼굴이라는 것을 인식하기 위해서 그 도트를 한 개씩 계산한다면 엄청나게 방대한 계산량이 되므로 실용적이지 못하다. 그래서 어떤 알고리즘(처리 절차)을 통해 처리한다.

이것이 패턴 인식이라고 불리는 기술이며, 컴퓨터가 실현하기 가장 어려운 분야지만 인간은 그 기능을 저절로 발휘할 수 있어서 현재 가장 우수한 컴퓨터로도 당해낼 수 없다.

가령 주말에 연인과 역에서 만나기로 약속했을 때, 근처에 사람이 몇백 명이나 있어도 자신이 좋아하는 사람이라면 그 사람의 얼굴을 한순간에 찾아낼 수 있다. 하지만 그때 우리는 결코 자신의 시야 안에 들어와있는 사람들을 한 명씩 쳐다보면서 자신의 연인인지 아닌지를 일일이 확인하는 것이 아니다. 만약 그렇게 한 명씩 분별해야 한다면 사람들이 모두 가만히 서 있는 상태가 아니므로 영원히 자신이 찾는 사람을 발견할 수 없을 것이다. 이렇듯 생물은 원래 컴퓨터도 당해낼 수 없는 능력을 지니고 있다.

이제 왜 암기법이 기억력을 비약적으로 증대시키는지를 충분히 이해했을 것이다. 오랜 세월을 거쳐 시행착오를 되풀이하는 동안, 인간에게 본래 갖춰져 있는 능력을 경험적으로 획득한 것이 암기법이다.

암기법은 2000년도 더 전인 로마 시대부터 있었다. 이 책에서 설명하는 '장소법method of loci'은 학습할 항목들을 일련의 물리적 장소나 물리적 장소에 놓인 대상들의 배열과 연합시켜 기억하는 방법이다. 로마 시대에 머릿속에서 기억의 방을 만들어 이미지를 떠올려 암기할 내용을 연상했다는 데서 '로먼룸 기억법The Roman Room Technique'이라고도 한다. 특별한 능력이 아니라 누구나 가능한 기억법이다.

 CHECK! **패턴 인식 능력은 컴퓨터보다 인간의 뇌가 더 뛰어나다!**

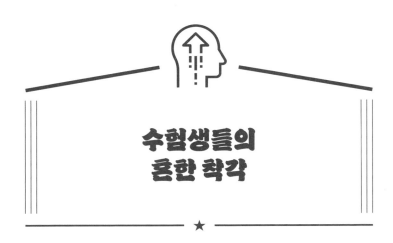

수험생들의
혼한 착각

★

　암기법을 습득하고 싶어 하는 수험생의 99퍼센트가 빠지는 착각이 있다. 기억하면 모든 것이 해결된다는 생각이다.

　'암기법을 사용하면 많은 분량을 기억할 수 있을 테니 문제에 대한 답을 전부 기억해두면 그 과목을 이해하지 않아도 시험에 합격할 수 있다.'

　순수하게 지식만을 시험하는 암기 과목이라면 그렇다고 할수도 있겠지만, 대부분의 경우 그렇게 쉽게 해결되지는 않는다.

　물론 암기법은 말 그대로 '암기하는 기술'이므로 방대한 지식을 기억할 수 있다. 그렇다고 해서 이해하지 않아도 된다는 뜻은 아니다.

수험생의 99퍼센트가 빠지기 쉬운 암기법에 관한 착각은 대체 뭘까? 그것은 기억과 이해가 표리일체라는 사실이다. 이해가 되지 않는 것은 기억하지 못한다고 해도 좋다. 정확히 말해서, 이해하지 못하면 기억하는 능률이 굉장히 떨어진다.

암기법·기억술은 꿈같은 기술이지만 전혀 이해하지 못하는 책을 처음 읽고 한 글자, 한 문장까지 외울 수 있는 기술은 아니다.

이해는 암기에 관해 세 가지 중요한 효과를 미친다.

· 외울 양이 극단적으로 줄어든다
· 외운 내용을 잊어버리기 어렵다
· 외운 내용을 응용할 수 있다

그리고 응용력이 생기면 외운 내용이 서로 연관되어 더욱 깊은 이해로 이어진다. 그런데도 대체 왜 '암기는 이해하지 않아도 된다'는 오해가 생기는 걸까? 그 까닭은 수험생들이 '암기 과목은 그 말 그대로, 암기하기만 하면 된다'고 착각하고 있기 때문이다.

암기 과목이라는 이미지가 강한 역사 과목에도 역사의 법칙이 있다. 단지 암기할 요소의 비율이 수학 등의 과목에 비해 많을 뿐이지, 암기만 한다고 해서 모든 문제를 풀 수 있는 게 아니다.

역사의 경우, 나는 '**70퍼센트 이해**' 방법을 사용한다. 100퍼센트 완전한 이해는 아니지만 50퍼센트 이상은 반드시 이해한다. 100과 50의 한가운데 지점보다 약간 낮은 수치를 취해 70퍼센트 정도는 이해하려고 한다. 더 정확히 말하자면 '어느 부분을 외우고 어느 부분을 외우지 않을지'를 판단할 수 있을 정도로는 이해해야 한다.

같은 과목의 지식이라도 자신이 목적으로 하는 시험에 따라 외워야 할 범위가 다르다. 역사 과목만 봐도, 준비하는 시험에 따라서 대책이 크게 다를 것이다.

같은 역사를 공부하더라도 외워야 할 범위가 각각 다르다. 외워야 할 범위를 특정하는 기준은 다음의 두 가지이다.

· 기출문제 분석
· 합격하기 위해 필요한 점수

어려운 시험이라고 해서 상세한 지식을 외워야 하는 건 아니다. 어려운 시험일수록 지식을 토대로 하는 사고 능력을 중요하게 여겨 테스트하는 경향이 크다. 어려운 시험이라고 해서 반드시 세세한 내용까지 외운 사람이 좋은 점수를 받는 건 아니다.

또한 암기법의 특징 가운데 하나는 '단번에 외운다'는 것이 있다. 하나하나에 대해 평소보다 적게 이해하고, 그 대신 가능한 한 넓은 범위를 단번에 외우려고 하는 것이다.

역사라면 가능하면 고대부터 현대까지 단번에 외우자. 중학교 교과서라면 하루나 이틀, 대학 시험 수준이라면 아무래도 닷새 정도는 걸린다(하루 종일 암기법을 사용하는 것은 집중력의 지속이라는 점에서 효율이 높지 않으므로 하루에 4시간 정도로 환산했다).

이때의 '적게'라는 것이 포인트만을 외운다는 뜻은 아니다. 보통은 어떻게든 철저히 외우지만, 외워야 하는 부분을 20퍼센트 정도 줄인다고 생각하면 된다. 이렇게 정리해볼 수 있다.

· **70% 이해 : 암기법을 실행하는 전날까지 외울 범위에 밑줄을 긋는다.**
· **암기법을 실행하는 날 : 암기법에 몰두한다.**
· **복습 : 당일, 다음날, 5일 후, 3주일 후에 복습한다.**

복습은 즐거운 작업이다. 이미 거의 외우고 있기 때문이다. 무심코 자신은 천재가 아닐까 하고 착각할지도 모른다.

그리고 광범위한 지식과 지식이 서로 맞물리면서 진짜로 이해하게 된다. 진정한 이해 상태가 되는 것이다. 보통 사람이 2주일 걸리는 작업을 이틀 밤 만에 습득할 수 있다.

 교과서의 70%를 이해하면,
CHECK! 단번에 교과서를 외울 수 있게 된다.

암기법으로 의사가 된 사람, 법조인을 꿈꾸는 의사

★

어느 날 내게 한 통의 전화가 걸려 왔다.

"선생님에게 꼭 감사 인사를 드리고 싶어서요."

뭔가 흥분한 듯한 목소리였다.

"무슨 일이신데요?"

"선생님 덕분에 어려운 시험에 합격했어요."

실제로는 만난 적이 없는 젊은 여성이었다. 사연을 들어보
니 내가 쓴 책을 읽고 암기법을 습득했다고 한다. 그 말에 나도
기쁜 나머지 무심코 "축하드립니다!" 하고는 대체 어떤 시험에
합격했는지를 물었다.

"……."

한순간 침묵이 흐르기에 머릿속에는 여러 생각이 교차했다.

'나한테는 말하고 싶지 않은 건가? 묻지 말 걸 그랬나? 암기법을 사용하지 않아도 합격할 수 있는 쉬운 시험이었나?'

"혹시 불편하시면 말씀하지 않으셔도 됩니다."

"의사 국가시험에 합격해서 의사가 되었어요."

나는 너무나 기뻐서 가슴이 벅차올랐다. 의과대학을 졸업해도 의사 국가시험에 붙지 못하면 인생이 원치 않는 방향으로 꼬일 수 있다. 의대에 입학해서부터 졸업할 때까지 경제적, 시간적, 정신적으로 굉장한 부담이 있을 것이다.

물론 암기법을 습득하지 않고도 의사 국가시험에 합격할 수는 있다. 다른 모든 국가시험과 마찬가지로, 암기법을 습득하지 않고 합격한 사람이 압도적으로 많을 것이다. 하지만 의사 국가시험은 외울 내용이 방대해서 암기법에 매우 적절한 시험인 것도 분명하다.

해부도, 약명, 작용 기전, 기초 의학, 인체 골격도, 근육과 장기 명칭 등 어쩌면 사람이 외울 수 있는 한계를 넘어설지도 모른다.

그리고 의대 상급생이 되면 실제로 환자를 진찰하는 임상이 시작되므로 순수하게 공부에 할애할 수 있는 시간이 극히 줄어든다.

　의사 국가시험의 합격률은 낮지는 않지만 모두 고통스럽고 힘든 과정을 이겨내고 합격하는 거라고 한다(나는 의대를 졸업한 사람이 아니다 보니 설사 부정확한 내용이 있더라도 양해해주시길).

　또한 내가 강의하는 세미나에는 현역 의사도 여러 명 참가하고 있다. 외과 의사이지만 앞으로는 내과 지식도 필요한 분, 너무 바빠서 방대한 지식을 외울 시간이 없는 분, 내과의지만 한방 지식을 익혀야 하는 분…….

　그밖에도 특이한 사례로는, 의사이면서 병원을 경영하고 있지만 일본의 의료 행정 개혁을 위해 법조 자격증을 취득해 법률 지식을 갖고 의료 행정에 관한 의견을 내고 싶어 하는 수강생도 있었다.

　모두 어찌나 훌륭하고 멋진 목표를 갖고 있던지! 나는 감탄해서 마음을 다해 응원하고 싶었다. 하지만 다들 너무 바쁜 데다, 특히 마지막으로 소개한 분이 목표로 하는 사법시험은 국가시험 중에서도 가장 어려운 시험이다. 법대를 졸업한 사람이 그 시험만 목표로 해 공부해도 좀처럼 합격하기 어려운 최고 난도의 시험이다. 그러니 무척 힘든 길인 것만은 사실이다. 나는 법조계에 다른 분야의 전문가를 10~20퍼센트 포함시켜야 한다고 생각하기에 암기법이 더욱 보급되어 효과적으로 이용될 분야가 무수히 많을 거라고 믿고 있다.

 암기법이 당신의 꿈에 날개를 달아줄 것이다!

반드시 할 수 있다, 이 내용만 기억한다면

★

앞에서도 잠깐 언급했지만, 통상의 암기법은 '무간지옥'과도 같다.

무간지옥은 불교에서 말하는 8대 지옥 중의 하나로, 끊임없이 고통을 당하는 지옥이다. 8대 지옥 중에서도 맨 아래층에 위치해있다. 검수剣樹, 도산刀山, 열탕熱湯 등 극심한 고문을 영원히 받는다는 지옥이다.

통상의 암기법은 이른바 이 무간지옥 상태에서 소쿠리로 물을 퍼 올리는 것이나 다름없다. 소쿠리의 그물눈 사이로 물이 계속 빠져나간다. 퍼 올리면 빠져나가고 또 퍼 올리면 빠져나가기가 끝없이 반복되니 손을 쓸 수가 없다. 외웠다고 생각했지만 자신이 얼마만큼 외웠는지를 확인해보면 거의 다 잊어버렸다는 사실에 망연자실하기도 한다.

내가 이렇게 말할 수 있는 이유는, 나 또한 암기법을 습득하기 전에는 시험 직전에 늘 같은 경험을 했기 때문이다. 정말로 매번 지옥을 만난 기분이었다.

하지만 암기법을 습득한 지금의 나는 다르다. 통상의 기억법은 소쿠리로 물을 퍼 올리는 일이나 다름없지만, 암기법은 양동이로 물을 '몽땅' 퍼 올리는 일에 가깝다.

비약적인 속도와 정확도, 그리고 안도감이 있다. 정신적인 소모는 일절 없다.

사람들은 암기법을 습득한 직후에 정말로 내가 이걸 다 암기했나 하고 자신이 외운 방대한 분량의 지식을 스스로도 믿을 수 없어 한다. 암기법을 습득하고자 나를 찾아오는 사람들에게 이런 사실을 세미나에서 실증해 보이면 대부분 눈을 동그랗게 뜨고 소스라치게 놀란 표정을 짓는다.

암기법을 습득할 때 앞을 가로막는 가장 큰 장애물은 '그런 건 불가능해' 하는 환상이며, 세상의 상식에 사로잡히는 일이다. 암기법 습득에서 느끼는 어려움은 4킬로그램 정도 군살을 빼는 일과 비슷하다. 어느 정도 노력하면 4킬로그램쯤은 거

뜬히 뺄 수 있다고 생각하지만, 반면에 그것이 어려운 사람도 있다. 그렇게 하지 못하는 사람은, 확실히 말해서 '하지 않는 사람'이다.

여러 번 말하지만 도쿄대생은 우수하다는 환상이 세상에는 존재한다. 예전에는 나도 그런 환상을 가진 사람이었다. 도쿄대에 합격하는 사람은 애초에 뇌 구조가 다르다고 생각했다. 하지만 내가 도쿄대에 입학하고 나서야 그동안 잘못 알고 있었다는 걸 깨달았다. 그들은 공부했던 것이다. 앞서 다이어트의 예와 마찬가지로, 자신은 할 수 없다고 처음부터 포기하고 공부하지 않은 사람과, 가능할지도 모른다고 생각해 실제로 공부한 사람과의 차이일 뿐이다.

이처럼 '한다'와 '하지 않는다'의 차이는 암기법의 습득에만 해당하지 않는다. 인생에서의 성공도 마찬가지다.

걱정하느라 공부하지 않는 사람, 걱정이 되어도 공부하는 사람. 그 결과는 명확하다.

조금이라도 좋으니 해야 한다. 원래 인간의 능력에는 큰 차이가 없다. 모든 것은 그 차이를 조금이라도 메우느냐 아니냐에 달렸다.

암기법으로 하룻밤에 100페이지의 책을 외울 수 있지만, 그런 일은 불가능하다는 생각이 세상에는 팽배해 있다. 하지만 불가능하다는 생각은 환상이다. 나를 믿고 따라오면, 여러분이 이 책을 다 읽었을 때는 암기력이 비약적으로 상승되어 있음을 실감할 것이다. 암기법의 진짜 힘을 여러분이 실제로 증명해 보이길 바란다.

 암기법의 성공 비결?
그건 바로, 조금이라도 하는 것이다!

도쿄대
암기법

3장

인풋의 기술 :
필요한 부분만 '딱딱' 쉽게
뇌에 새기는 방법

암기법에서
'이미지화'란?

★

암기법은 마술과 같다. 믿을 수 없을 정도로 효과는 극적이
지만 원리를 알고 나면 간단하다.

암기법의 요령은 '장소법'이다. 장소법은 단어, 문구, 문장
등 기억하고 싶은 지식을 구체적으로 '이미지화'해서 머릿속에
서 떠올린 자신의 주변 풍경에 갖다 붙이는 사고방식이다.

기억하고 싶은 말을 머릿속에 그리고 그 이미지를 이미 알
고 있는 물건(이 항목에서는 길을 가는 순서)에 붙이면 된다. 단지
그뿐이다.

그리고 머릿속에서 길을 순서대로 따라가면서 위치별로 붙

여놓은 이미지에서 원래 외우고 싶은 말을 떠올린다. 이 방법으로 100페이지를 하룻밤에 외울 수 있으며 책 한 권을 통째로 암기할 수 있다.

이미지화란 대체 무엇일까? 실은 이 이미지화가 이 책에서 말하는 암기법에서 가장 중요한 요소이며, 유일하게 약간 어려운 작업이다. 또한 가장 먼저 좌절하는 지점이기도 하다.

이미지화란 말 그대로 이미지로 떠올리는 일인데, 기억하고 싶은 단어에서 생각나는 이미지라면 뭐든지 상관없다. 다음과 같은 단어를 머릿속에 떠올려보자.

'딸기'

'판다'

딸기라면 '새빨갛고 달콤할 거야' 하는 식으로 딸기 자체에서 떠오르는 이미지도 괜찮다. 딸기에서 연상되는 것이라면 뭐든지 좋다. 하지만 단어에서 이미지를 떠올릴 때 생각을 해서는 안 된다.

하룻밤에 100페이지의 책을 외운다고 하자. 한 페이지에 이미지로 떠올리고 싶은 것이 20개 있다면, 20개×100페이지, 즉 모두 2,000개의 이미지다.

1분에 10개의 이미지를 떠올린다고 해도 시간이 다소 부족하다. 그러므로 외우고 싶은 단어를 보면서 이미지를 떠올릴 때 '이것도 아니고', '이것도 아니야' 하고 하나하나 생각하다 보면 절대로 2,000개의 이미지를 머릿속에 떠올릴 수 없다. **단어를 보면 자연히 이미지가 떠오르도록 훈련해야 한다.**

하루에 5분, 어디서 연습하든 상관없다.

우선 자신의 단어 목록을 만들어 차례차례로 이미지를 그려보자.

목록 개수는 10개에서 30개 정도가 좋다. 그리고 구체적인 물건(딸기, 파인애플 등)을 이미지로 떠올리는 데 익숙해지면 이번에는 서서히 추상적인 개념으로 옮겨가자. 예를 들어 연애, 클래식, 미분·적분, 코칭……. 이미지로 떠올릴 수 없는 것은 그냥 넘어가고 신경 쓰지 않아도 된다.

나는 세미나에서 '편한 마음으로 열심히 하세요' 하고 말하곤 한다. 이 '편한 마음'이란 **떠오르지 않는다고 해서 연연하지 마세요**'라는 의미이다. 사람들은 대개 지금까지 이런 연습을 해본 적이 없으니 처음에는 잘되지 않는 게 당연하다.

조금 더 보충해서 설명해보겠다. 구체적인 물건이라면 그 사진을 머릿속에 떠올리기 쉽다. 물론 구체적인 물건이라고 해서 반드시 그 물건 자체여야 하는 건 아니다.

딸기라면, 딸기 자체 외에 딸기 무늬가 그려진 손수건도 좋고 딸기 파르페로 유명한 카페여도 괜찮다.

반복해 말하지만, 단어에서 이미지를 연상할 때 이미지가 떠오르지 않더라도 무리하게 애써서 이미지를 떠올리려고 해서는 안 된다. 어디까지나 자연스럽게 이미지가 떠오르도록 해야 한다는 것을 명심하자.

그런데 공부라고 하면 자신도 모르게 열심히 해야 한다고 생각하기 마련이다. 그러므로 어떤 의미에서는 애쓰지 않는 일이 가장 어려울지도 모른다.

매일 단 5분이라도 좋으니 해보길 바란다. 암기법을 빨리 습득하고 싶다고 해서 오랜 시간 연습해서는 안 된다. 만약 오래 하고 싶다면 한 번에 오랫동안 하지 말고 5분씩 하루에 몇 번으로 나눠서 하자. **단 1분이라도 좋으니 매일 지속하는 것이 중요**하다. 매일 하면 누구나 자연스럽게 이미지화하는 요령을 익힐 수 있다.

이렇게 이미지화하는 연습을 도저히 계속하지 못하는 사람은 꼭 책상 앞에서 할 필요는 없으니 매일 집에서 학교까지, 혹은 집에서 회사까지 길을 걸어갈 때 시야에 들어오는 물체부터 연상해보면 된다. 전신주, 간판 등 뭐든지 좋다. 만원 버스에 타고 있을 때 바깥을 내다보면서 보이는 풍경에서 연상해도 좋고 함께 타고 있는 사람들에게서 뭔가를 연상해도 좋다.

화장실에서도, 밤에 잠자기 전 침대에 누워서 잠들 때까지도 괜찮다.

하지만 그래도 하지 못하는 사람이 있다. '바빠서'라는 이유를 댄다. 하루에 1분을 낼 수 없을 정도로 바쁜 걸까? 이런 사람이 암기법을 습득하지 못하는 것은 역시 의욕의 문제라고 생각한다.

이미지화의 비법은 그 이미지를 체감하는 일이다.

· 어디서나 흔하게 볼 수 있는 이미지
· 불안정한 이미지
· 있을 수 없는 듯한 이미지
· 구체적인 이미지
· 인상적인 이미지

이러한 이미지를 떠올려야 한다는 것을 명심하자.

이를테면 세계사를 공부할 때 일본 쇄국시대 때 네덜란드·포르투갈과 교역했던 인공 섬 데지마出島를 이미지 연상할 경우 '네덜란드'와의 무역을 기억하려면 네덜란드의 상징인 '튤립'을 떠올리는 식이다. 명심한다고 해도 결코 단단히 태세를 갖추고 생각을 해서는 안 된다. 결과적으로 이런 식으로 이미지가 떠오르면 가장 좋고, 만약 떠오르지 않더라도 아무 문제없다.

이미지화 연습은 어떤 수준에 이르러야 끝이 나는 걸까?

자신이 외우고 싶은 과목에서 단어를 랜덤으로 골라 70퍼센트 정도를 바로 이미지로 떠올릴 수 있으면 가장 좋다.

 이미지 연상하기, 처음엔 어렵지만 매일 1분씩만 연습해보자!

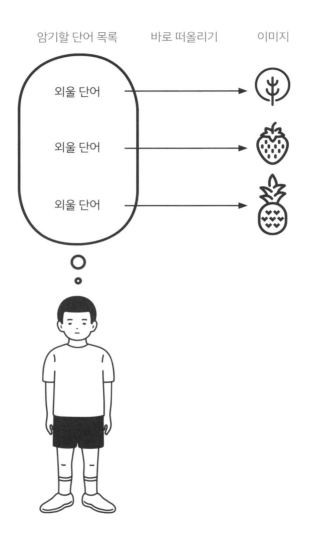

암기할 단어 목록   바로 떠올리기   이미지

외울 단어

외울 단어

외울 단어

'길 가는 순서'대로
이미지를 갖다 붙인다

★

　이미지화 방법을 자세하게 설명했는데 이 암기법의 또 한 가지 중요한 요소가, 이미지화한 것을 '순서'대로 갖다 붙이는 일이다. 외우고 싶은 단어를 이미지화하고 그 이미지를 이미 여러분이 기억하고 있는 장소나 물건에 갖다 붙이면 된다. 이미 기억하고 있는 것 중에서 이미지화하기에 가장 좋은 풍경이 길을 따라가는 순서다. 그 이유는 다음과 같다.

· 사람은 길을 따라가는 순서를 기억하기 쉽다
· 길은 무한히 있다

· 카메라로 찍으면 선명한 사진을 얻을 수 있다

만약 카메라로 길을 찍기가 귀찮은 사람은 인터넷에서 '구글맵'이나 '구글 스트리트뷰'를 이용해도 좋다. 인간은 길 순서를 기억하는 기능을 갖추고 있다고 한다. 사냥을 나갈 때 돌아오는 길을 기억하지 못하면 살아갈 수 없기 때문에 이런 기능이 있다는 설이 있다.

이제 그 길을 촬영하는 방법을 구체적으로 설명해보려고 한다.

여러분이 집에서 학교까지 가는 길을 카메라로 촬영한다고 가정해보자. 촬영은 정식 카메라가 아니어도 상관없다. 휴대전화 카메라도 물론 괜찮다.

풍경 사진에 이미지를 갖다 붙일 때는 한 장의 사진에 이미지를 하나씩 붙이는 게 아니다. 사진 한 장당 붙이는 이미지 수나 그 사진에 붙이기 쉬운 사물이나 풍경이 찍혀 있는지 아닌지는 여러분의 암기법 습득 정도 등에 따라 달라지는데, 4개에서 20개 정도를 목표로 하면 적당하다. 너무 적으면 그 사진을 파악할 수 없고 너무 많으면 기억하기 어렵다.

여기서 말하는 '사진을 파악한다'는 것은 어떤 의미일까.

사실 여러분은 기억하기 위해서 이미지로 떠올린 것을 머릿속에서 사진으로 몇 장이나 붙임으로써 그 사진의 세세한 구조를 자연스럽게 파악하고 있는 것이다.

그런데 여러분이 출퇴근이나 등하교 도중에 햄버거 체인점을 사진으로 찍었다고 하자. 보통은 매장 내의 세세한 인테리어까지 파악하고 있지는 못하겠지만, 다음에 열거한 매장의 네 가지 요소에 네 개의 이미지를 붙여보자.

입구, 간판, 매장 내 테이블, 출구

이로써 적어도 이 사진에 입구, 간판, 매장 내 테이블, 출구가 있다는 사실을 여러분의 머릿속에서 파악할 수 있다. 그리고 최종적으로 이 첫 번째 사진에 20개의 이미지를 붙이더라도 모든 이미지를 한 번에 붙이지 말기 바란다.

옻칠하듯이 여러 번에 나눠 이미지를 붙이는 것이다. 가령 이런 식이다.

첫 번째… 네 개의 이미지
두 번째… 네 개의 이미지
세 번째… 네 개의 이미지
네 번째… 네 개의 이미지

다섯 번째… 네 개의 이미지

한 장의 사진에 20개의 이미지를 붙여야 하므로 다음번에는 남은 것은 16개다. 아까는 입구, 간판, 매장 내 테이블, 출구, 이렇게 네 군데에 이미지를 붙였으니 이번에는 다음 네 곳에 각각 같은 요령으로 이미지를 4개씩 붙여보자.

입구 주변, 간판 주변, 매장 내 테이블의 주변, 출구 주변

이로써 4×4=16개의 이미지가 되어 합계 20개의 이미지를 붙일 수 있었다.
여기서 주의해야 할 점은 머릿속에서 사진에 이미지를 매달아 두기보다는,

딱 맞게 붙인다
딱 맞게 끼워 넣는다

이러한 감각이 중요하다. 이 감각에 따라 비로소 그 자리마다 그곳에 맞는 특유한 방법으로 붙일 수 있기 때문이다.
사진의 어디에 붙였는지를 메모할 필요는 없지만, 만약 격

정이 된다면 사진을 프린트해서 볼펜 같은 도구로 간단히 메모해도 상관없다. 다만, 익숙해지고 나면 더 이상 메모하지 말자. 메모하는 작업이 오히려 번잡스럽고 힘들다.

이미지를 '단지 그곳에 두기'만 한다면, 자신은 머릿속에 잘 붙여넣었다고 생각해도 실제로는 제대로 붙여넣지 못한 경우가 많으므로 주의해야 한다. 제대로 붙였는지 아닌지는 구체적으로 자신에게 물어봐서 확인할 수 있다.

'어떻게 붙어 있지?'

제대로 붙였는지 아닌지는 자신밖에 알 수 없다. 처음부터 많은 양을 붙일 필요는 없다. 여기서도 작은 성공 체험이 중요하다. 처음에는 총 10장의 사진에 각각 4개의 이미지를 붙이기만 해도 충분하다. 그것만으로도 40개나 기억할 수 있다.

사진 한 장에 4개, 8개……
늘려가며 머릿속에서 이미지를 끼워 넣어보자.

■■■■ 1일차에 끼워 넣은 이미지
■■■■ 2일차에 끼워 넣은 이미지

아이는 부모가 생각하는 것보다 10배나 머리가 좋다

★

"당신의 자녀는 당신이 생각하는 것보다 10배 머리가 좋아요."

이런 말을 하면 사람들은 대부분 의아한 표정을 짓는다. 반대로 당연하다는 표정을 보여도 난처하지만, 동양인은 자신을 낮게 평가하는 경우가 대부분이다. 이는 최근의 결과만으로 자기평가를 내리기 때문이다.

현재 성적이 나쁘다 → 자신은 머리가 나쁘다고 생각한다(머리가 좋다, 나쁘다고 평가하는 데는 여러 가지 기준이 있지만 여기서는 성적이 오르지 않는다고 해석하자) → 머리가 나빠서 아무리 공부해도 성적이 오르지 않는 거라고 생각한다 → 조금밖에 공부하지 않는다 → 점점 더 성적이 오르지 않는다 → 원래 자신이 갖고 있던 생각이 확신으로 바뀐다

부모 자신이 공부 면에서 뛰어난 성과를 올리지 못한 경우는 상황이 더욱 복잡하다. 자신은 머리가 좋지 않다고 생각하기 때문에 설마 자신의 아이가 머리가 좋을 거라고는 생각하지 않는다.

자녀의 성적을 어떻게든 올리고 싶지만 그 방법을 모른다.

믿을 수 없을지 모르지만, 도쿄대생들도 마찬가지로 자기 평가가 낮다. 내 암기법 세미나에 참가하는 수강생들 중에 도쿄대 대학원을 졸업하고도 심한 열등감에 빠져 있는 사람이 있었다. 그 사람은 도쿄대학교에 합격하지 못하고 다른 대학에 입학했는데, 대학에서 대학원으로 진학하는 시점에서 도쿄대 대학원에 보기 좋게 합격했다. 그런데 그 사람과 이야기를 나누던 중에 이런 대화가 오간 적이 있다.

"도쿄대보다도 도쿄대 대학원이 더 상급 학교이니 보통 사람은 대학원에 합격한 사람이 더 우수하다고 생각해요. 실제로 도쿄대 학부 졸업생도 대학원에 합격하지 못해 재수하는 사람

도 있으니까요."

내가 이렇게 말해도 그 사람은 "그렇지 않아요" 하고 끝까지 부인했다.

이렇게 동양인은 대개 자기평가가 낮은데, 자신이 우수하다는 사실을 알 수 있는 쉬운 방법이 있다. 바로 암기법이다.

이 책을 읽으면 역사 항목이 100개가 넘어도 몇 번 보기만 해도 완전히 외워서 그 내용뿐만 아니라 순서도 확실하게 기억할 수 있다. 보통 사람에게는 좀처럼 불가능한 일이다.

그렇다. 사실은 모두 우수하다. 최근에 본 시험에서 좋은 결과를 내지 못했으니까 자신은 우수하지 않다고 믿는 것뿐이다. 반대로 말하면, 그러한 잘못된 선입관에 사로잡힌 탓에 약간의 노력도 할 생각을 하지 못하는 것이다. 공부에 대한 실마리를 얻을 수 있다면 여러분도, 여러분의 자녀도 눈에 띄게 성장한다.

자녀가 자신이 생각하는 것보다 10배 머리가 좋다고 생각하지 않는 까닭은, 자기평가가 낮기 때문이다. 이처럼 낮은 자기평가를 하나의 '작은 성공 체험'으로 극복한다면 거기서부터 자신감의 연쇄 작용이 일어난다. 우선은 이 책의 암기법을 사용해 단 30개라도 외워보자.

30개에서 100개로 늘린다.

100개에서 300개로 늘린다.

그리고 300개에서 책 20페이지로 늘리면서 점점 단계를 높여가자.

 암기법 성공의 체험으로,
CHECK! 자기평가도 높여보자!

암기법으로 쉽게 끝낼 수 있는 과목은?

★

해리슨 포드가 주연한 영화 〈인디아나 존스 – 최후의 성전〉에서 가파른 절벽 사이로 골짜기를 건너는 장면이 나온다. 실은 그곳에는 투명하고 눈에는 전혀 보이지 않는 다리가 있지만 어디가 다리인지 보이지 않기 때문에 대개는 무서워서 건너지 못한다.

많은 사람들에게는 암기법이 이 다리와 비슷하지 않을까?

'암기법을 익혔는데 그럼 다음에는 뭘 하면 될까? 어떤 과목부터 손을 대야 좋을까?'

그런 사람은 스스로 자신감을 얻기 위해서라도 암기법으로 모든 과목을 해결하려 들지 말고 우선은 한 과목부터 공략하길 권한다. 소위 암기 과목이라고 일컫는 과목이 좋다.

이것이 내가 강조하는 '작은 성공 체험'에 해당한다. 이를테면, 역사 과목이 가장 적합하다. 이과를 목표로 하고 있어 이 과목을 공부하지 않아도 되는 사람은 생물 과목을 고르면 된다.

암기법을 습득했지만 실제로 공부에 어떻게 적용하면 좋을지 몰라 고민하는 사람도 많다. 암기법 자체가 인정받지 못하고 있는 기술이므로 의심병에 걸리는 건 어쩔 수 없다. 특히 암기했다고 생각했지만 기대한 만큼 시험에서 좋은 성적을 얻지 못했을 때 느끼는 격차가 크면 암기법이 자신에게는 맞지 않는다고 착각하는 경우가 있다. 암기법은 정신적인 요소가 매우 커서 이러한 부정적인 사고에 빠지면 효과가 반감된다. 그렇기에 우선 한 가지 과목에서 좋은 성적을 내는 것이 중요하다. 성공 체험을 축적하면 공부도 점차 궤도에 오른다.

일반적으로 암기법 또는 기억술이라고 하지만, 사실은 '고속 이해 기술'이라고 바꿔 말해도 좋다. 암기했다면 반드시 문제집을 풀어봐야 한다. 만약 생물 과목을 선택하지 않고 시험 과목이 영어, 수학, 물리, 화학인 사람은 물리에 도전해보자. 물리와 화학 중에서는, 물론 사람에 따라 다르지만 일반적으로 화학이 약간 더 어렵다.

암기법을 적용할 때 어려운지 쉬운지의 판단 기준은 ①암기 요소가 많은가, ②외우고 싶은 사항을 이미지화할 수 있는가, 이 두 가지뿐이다.

우선 암기법으로 무적이 될 수 있는 과목을 추려서 암기법으로 공략하길 바란다. 이 공략이 암기의 달인이 되는 가장 빠른 길이다. 한 과목에서 절대적인 자신감을 얻게 되면 다른 과목에서는 어떻게 적용할지 그 방법을 알 수 있다.

실제로 암기법을 사용하면 외우는 속도가 점점 빨라진다. 그렇다고 해서 무한히 빨라지지는 않는다. 이해하기 쉬운 책이라면 3~4시간에 100페이지가 진정한 의미의 목표라고 생각하자.

암기하는 속도는 암기할 내용이 빼곡히 차 있는지, 아니면 해설이 많고 실제로 외워야 할 핵심 부분은 적은지, 혹은 여러분이 그 분야에 대한 지식을 이미 알고 있어서 이해하기 쉬운지에 따라서도 크게 달라진다.

또한 외워야 할 대상이 문장인지, 도표인지에 따라서도 암기 속도가 달라진다. 도표는 문장보다도 더 면밀하게 외울 필요가 있어서 암기 속도가 약간 떨어진다.

여러분이 암기법을 정말로 습득했는지 아닌지를, 하룻밤에 몇 페이지를 외웠는가로 측정할 수는 없다. 어떤 책을 보았을 때 어느 부분을 외워야 하는지, 그리고 암기법을 사용하면 몇 시간 만에 외울 수 있는지, 그 시간과 일정을 가늠해 확정할 수 있어야 진정 이 암기법을 완전히 습득했다고 말할 수 있다.

역사, 생물 등
암기하기 쉬운 과목부터 우선 공략해보자!

도쿄대
암기법

4장

시험 직전 아웃풋 솔루션 :
시험별, 과목별로 기억을
효과적으로 꺼내 쓰는 법

맨 먼저 어느 산에 오를지를 결정한다

'망치를 갖고 있으면 뭐든지 못으로 보인다'는 말이 있다. 이처럼, 암기법을 습득하기 시작하면 그 위력에 감동해 뭐든지 암기법으로 정리하려 든다.

나도 사회인이 되고 나서 수많은 곤경에 부딪혔지만, 무명 학교에 다니면서 모두가 불가능하다고 말하던 상황에서도 끝까지 포기하지 않고 공부해 도쿄대에 보기 좋게 합격했다는 틀림없는 사실이, 이후에도 역경을 극복해나가는 데 마음의 버팀목이 되었다.

'방법만 잘못되지 않고 열심히 노력하면 반드시 성공한다.'

이것이 내 성공 체험의 원점이다.

수험생 시절에는 누구나 그 힘든 상황에서 한시라도 빨리 벗어나고 싶다고, 더 솔직히 표현하자면 도망치고 싶다는 생각이 들 것이다. 뭔가 한 가지 특별한 노하우로, 매일 지속되는 이 지옥 같은 세상에서 도망칠 수 있다면 더 바랄 게 없다는 절박한 심정이 든다. 때로는 그 대상이 암기법이 되는 것이다.

확실히 암기법은 강력한 무기가 된다. 하지만 암기법을 그저 습득하기만 해서는 일류 대학이나 어려운 자격시험에 합격할 수 없다.

여러분의 학교 성적이 거의 꼴찌라고 생각해보자. 암기법을 습득해서 어느 날 갑자기 꼴찌에서 1등으로 성적이 껑충 뛰어오른다면 얼마나 좋을까 하고 기대하게 된다.

물론 암기법은 그만한 힘을 갖고 있다. 하지만 암기법으로 무턱대고 참고서를 외운다고 해서 모든 과목의 성적이 급상승하지는 않는다. 실제로 **어떻게 해야 자신이 습득한 암기법을 공부에 구체적으로 적용할 수 있을까.** 그것이 가장 중요한 핵심이다.

앞서 언급했듯이, 지금까지 나와 있는 암기법 책들은 암기법을 어떻게 습득하느냐에 관해서는 넘치도록 해설되어 있지만, 일단 습득한 암기법을 어떻게 적용해야 하는지 그 방법에 대한 설명이 부족해 보인다.

결론만을 먼저 서술해보면, 합격으로 가는 황금 패턴은 다음과 같다.

합격으로 가는 황금 패턴

· **70% 이해. 이해하지 못한 내용은 기억하기 어렵다**

· **암기법으로 대량의 지식을 단번에 기억한다**

· **암기한 지식에 해당하는 문제집으로 지식을 재확인한다**

이해→암기법으로 기억→문제집으로 복습의 3단계다.

예전에 한 수험생이 두툼한 참고서와 도쿄대 기출문제집을 들고 와서는, 도쿄대 입시에서 유용한 생물 과목 공략법을 물은 적이 있다.

"이 두꺼운 참고서를 암기법으로 단번에 외우면 도쿄대에 합격할 수 있습니까?"

마치 '망치를 갖고 있으면 뭐든지 못으로 보인다'는 말처럼 참고서가 전부 머릿속에 들어와 있으면 그것만으로 시험에 합격할 수 있을 거라 착각하고 있었다.

나는 "아니오"라고 대답했다.

질문한 학생은 몹시 실망하는 기색이 역력했다. 물론 암기법이 아무런 도움이 되지 않는다는 의미는 아니다. 여러 번 되풀이해 강조했듯이, 그저 기억하기만 해서는 아무 소용이 없다.

이러한 이유로 이번 장에서는 과목별 공략법을 기술하겠다.

시험 합격을 등산에 비유해보자. 등산을 하기 전에는 '어느 산을, 어떤 루트로 오를 것인가'를 비롯해 사전에 꼼꼼한 조사가 필요하다. 체력만 좋다고 해서 산 정상에 오를 수 있는 것도 아니고 하물며 지도를 보지 않고 산을 오르는 무모한 행동을 하는 사람은 아무도 없을 것이다.

하지만 이제 막 암기법을 습득한 초심자의 경우, 그러한 행동을 하기 십상이다.

암기법은 정말로 강력한 무기다. 걸어서 산을 오르는 게 아니라 차를 타고 가는 것이나 다름없다. 어느 산에 어떻게 오를 것인지, 사전에 많은 정보를 알고 있다면 더욱 쉽게 시험에 합격할 수 있다.

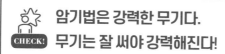

암기법은 강력한 무기다.
CHECK! 무기는 잘 써야 강력해진다!

시험에 따라
암기법의 적용 방법이 다르다

★

같은 과목이라도 시험마다 난도가 다 다르다. 어려운 시험에 합격할 수 있는 사람이라면 대부분 쉬운 시험에도 합격한다. 그 결과만을 보고 어려운 시험의 준비는 쉬운 시험과 비교해 오랜 시간을 공부하면 된다고 오해하는 사람이 있다. 암기로 말하자면 더 세세한 부분까지 외우면 된다고 착각하는 것이나 마찬가지다. 하지만 합격점이 더 낮은 시험 공부를 그대로 오랜 시간 계속한다고 해서 어려운 시험에 합격할 수 있는 건 아니다.

영단어를 예로 들어보자. 합격점이 낮은 시험이라면 2,000

개의 단어를 외우면 되지만, 합격점이 높은 시험이라면 6,000 단어를 외워야 영어 시험에서 합격점을 받을 수 있다. 따라서 영단어를 단번에 외울 수 있다면 어려운 시험에도 합격할 수 있다고 암기법에 기대하는 경향이 있다.

이러한 사고가 반드시 틀렸다고는 볼 수 없지만, 어려운 시험 문제와 그렇지 않은 시험의 문제는 각각 공부법이 다르다.

쉬운 시험은 지식을 묻는 문제가 주로 출제되고 어려운 시험은 똑같이 지식을 묻는 문제에 더해 사고 능력을 묻는 문제가 출제된다.

다시 말해, 어려운 시험은 '생각하는 문제'이고 그 외의 시험은 '지식을 시험하는 문제'인 것이다.

또한 일부 예외를 제외하고는 대개 사고 능력을 묻는 문제가 출제되면 그만큼 단순히 지식을 묻는 문제의 비율은 낮아지기 마련이다.

이때 암기법을 어떻게 적용하느냐가 중요하다.

자격증 시험을 목표로 하고 있는 사회인을 예로 들자면, 같은 민법을 외우는 데도 목표가 사법시험이냐 법무사 시험이냐에 따라 반드시 차이가 있다.

물론 사법시험이 법무사 시험보다 훨씬 어려우며, 법무사 시험의 연장선상에 사법시험이 존재하는 것이 아니다. 이 같은 사실은 사법시험에 합격하지 못해 포기한 사람이 수월하게 법무사 시험에 합격할 수 있는 건 아니라는 데서도 잘 알 수 있다.

이 사실을 대부분의 사람이 알아차리지 못하는 것은 '심리스seamless'이기 때문이다. 심리스란 이음새 또는 경계가 없다는 뜻이다.

만약 갑작스럽게 어떤 점에서 시험 대책을 크게 바꿔야만 한다면 누구라도 알아차리지만, 서서히 변화가 찾아온 경우라면 대개 사람은 완만한 변화를 눈치채지 못하기 마련이다.

그러므로 입학시험이나 자격증 시험을 목표로 하는 사람은 자신이 무엇을 목표로 해서 공부하고 있는지를 날마다 인식할 필요가 있다. 준비하고 있는 시험의 기출문제를 분석하는 것이 가장 효과적인 방법이다.

 CHECK! **시험 공부를 하기 전에 시험의 난도를 먼저 파악하여 공략법을 세워라!**

최적의 기출문제 분석법

구체적으로 어떻게 기출문제를 분석하면 좋을까? 이 작업은 의외로 간단하다. 참고서나 교과서를 대충 휘리릭 읽고 나서 과거 입시 문제를 살펴본다. 이 시점에서는 과거 문제를 그다지 세세하게 보지 않아도 된다. 문제를 풀려고 하지 않는 자세가 중요하다. 만약 그 과거 문제집을 풀 수 있다면 합격하고도 남을 실력을 갖추고 있는 것이니 읽을 필요가 없다. 풀지 말고 문제를 읽고서 바로 답을 본다. 해답을 얻는 과정을 진지하게 읽어야 한다.

그렇게 하면 자신이 도전해야 할 산의 높이를 차츰 알 수 있다. 되풀이하지만, 문제를 푸는 게 아니다.

만약 해설을 읽어도 해답을 전혀 이해하지 못한다면 몇 번이고 반복해서 읽어야 한다. 아는 부분과 모르는 부분에 밑줄을 그어 각각 구분하자. 모르는 부분이 너무 많다면 한 단계 쉬운 참고서를 읽자. 그리고 문제를 네 개의 카테고리로 분류한다.

- 기억만으로 공략할 수 있다
- 기초 지식 없이 계산만으로 공략할 수 있다
- 기억과 이해로 공략한다
- 그 외의 요소가 포함된다

마지막으로 몇 점 정도를 맞아야 합격할 수 있는지, 대략적으로 추정해야 한다. 우선 목표는 최저점으로 합격하는 것이라고 생각하자. 특별한 사정이 있지 않은 한, 결코 고득점으로 합격하려고 해서는 안 된다.

주의해야 할 점은 수학 외 과목의 문제에도 수학적인 요소가 들어 있어 논리적인 사고 능력을 판단하게 된다. 또한 긴 문장으로 이루어진 문제를 단시간에 읽고 파악하게 하여 사고 능력을 확인하는 경우가 있다.

기출문제 공략법: 문제를 풀지 말고 해답지를 봐라. 보고 또 봐라.

적게 외워도 전부 떠올릴 수 있는
유기적 공부법

★

이렇게 외우는 범위를 특정했다면 최소한의 범위를 기억한다. 그리고 한층 더 그 범위를 좁혀 외울 내용을 줄이는 데 목표를 둔다.

보통 사람들은 합격하고자 하는 열망이 강해서 아무래도 필요 이상으로 많이 외우려 드는 경향이 있다. 하지만 감각적으로는 외우는 양을 최소한 20퍼센트 정도 줄인 정도가 딱 좋다. 음식도 배가 약간 덜 찬 듯 먹어야 건강하다는 말이 있는 것처럼, 암기하는 양도 20퍼센트를 줄여 80퍼센트로 해야 좋다.

적게 외우는 것이 핵심이다. 적게 기억하려고 하면 무조건

통째로 외우는 게 아니라 그 지식의 저변에 깔려 있는 정보를 이해해 그 논리 전개를 좇아갈 수 있게 되기 때문이다.

정말로 핵심만을 외우는 것이 아니다. 이해하기가 싫어서 필요 이상으로 많이 외우는 것을 경계하는 것이다.

이해를 기반으로 하지 않는 암기는 외우는 데 시간만 걸리고 오히려 더욱 잘 잊힌다. 만약 암기법으로 통째로 외웠다 해도 단지 외우기만 해서는 지식을 응용할 수 없다. 응용할 수 없으니 한층 더 많은 패턴을 외우려고 하는 악순환이 벌어지고 만다. 그러므로 '많이 외우고 싶다'는 유혹을 과감히 끊어내야 한다.

'무엇을 외우고 무엇을 외우지 않을 것인지'를 구분하지 않을 경우는 그 선택에 자신이 책임을 지지 않아도 좋으니 마음이 편하다.

'혹시 내가 외우지 않아도 된다고 정한 부분에서 문제가 나오면 어떡하지? 후회해도 소용없는데……'

'암기법을 터득하면 얼마든지 외울 수 있을 거야!'

이런 생각은 시간이 무한대로 있어 모든 범위를 다 외울 수 있다는 착각에서 나온다. 분명 암기법을 사용하면 보통 사람들보다 5배나 10배는 더 잘 외울 수 있지만 1만 배나 잘 외울 수는 없다.

역시 **약간 적게 설정하고 넓은 범위를 외우는 것이 암기법의 진정한 비법**이다. 70퍼센트를 이해하고 암기법으로 넓은 범위를 단번에 외우면 신기하게도 100퍼센트 완전히 이해할 수 있게 된다. 한 권의 지식이 통째로 머릿속에 들어 있기 때문에 다양한 지식이 유기적으로 맞물려 조합된다.

기억은 '큰 것이 작은 것을 아우르는' 게 아니라 '작은 것이 큰 것을 아우르는' 형국이다.

 외울 범위는 적고, 넓게 선정해라!

단번에 외워
분위기까지 흡수한다

★

앞의 내용을 읽고 정말로 '기억은 작은 것이 큰 것을 아우르는' 걸까 하고 의아한 생각이 들지도 모른다. 역시 많이 외우는 게 좋지 않을까 하는 의심이 드는 것이다.

이는 앞서도 말했듯이 '이해를 기억으로 얼버무리는' 태도, 즉 내용을 이해하고 싶지 않아서 기억의 양으로 어떻게든 하려는 발상이다.

또한 보통 사람이 외우는 방법은 '암기법'을 사용하는 경우와 비교했을 때 능률이 떨어진다. 그러므로 암기하기 위해 다음과 같은 엄청난 육체 작업을 강요받기도 한다.

· 여러 번 암송한다

· 여러 번 쓴다

이러한 작업을 반복해서 외운 지식은, 본인은 기억하고 있다고 믿어도 실제로는 다음과 같은 상태가 되지 않을까 싶다.

· 기억이 20퍼센트

· 반복에 의한 이해가 80퍼센트

나는 음독 자체를 부정할 생각은 없다. 음독은 자신이 발성한 음을 자신의 귀로 들을 수 있으며 또한 발성하는 작업이 기억을 만들어낸다. 반복에 의한 이해도 중요하니 상당히 좋은 면이 있다. 하지만 입시를 위한 기억이라는 점에서 이들 방법은 매우 비효율적이다.

또한 외워야 하는 지식에는 반드시 필연성의 요소가 있다.

'작은 것이 큰 것을 아우르는' 실례를 들어보면, 선사시대에 선출직 대통령은 나오지 않았으며, 고대에 제트기는 발명되지 않았다.

이는 물론 극단적인 사례이지만, 만약 지금까지 선사시대에 대한 공부밖에 하지 않은 사람이 있다면 어떨까. 보통 사람이라면 군이 외울 필요 없는 정보까지도 확인해야만 한다.

여러 번 말하지만, 지식에는 필연성이 있다. 보통 사람들은 오랜 시간을 들여 그 필연성을 무의식중에 인식하고 있다. **인간은 지식을 자연히 요약하는 기능을 갖고 있다.**

암기법을 사용하면 방대한 양의 지식, 다른 표현으로 하면 광범위한 내용을 단번에 외울 수 있다. 통상의 기억 방법으로 같은 시간에 고대밖에 암기하지 못하지만, 암기법으로는 고대부터 현대까지의 역사적인 사항을 정리해 외울 수 있다.

고대밖에 외울 수 없는 경우는 세세한 요소까지 암기해야 한다고 해도, 고대부터 현대까지 단번에 외운다면 각 시대에서 외워야 할 내용을 요약할 수 있으므로 기억하는 효율이 비약적으로 커진다. 각 시대의 분위기도 자연스럽게 파악할 수 있다.

 이해를 하고 외운다면 암기의 효율도, 효과도 폭발적으로 높아진다!

최대의 목표는
과학과 사회

★

암기법은 말 그대로 암기하는 기술이다. 대량의 지식을 단번에 머릿속에 넣어 기억하고 그 기억한 내용을 잊지 않기 위한 기술이다. 효과는 그야말로 비약적으로 증가한다. '암기법 습득의 4단계'에서도 설명했지만, 효과가 너무도 극적이어서 '정말로 그게 가능해?', '나는 못 할 것 같은데' 하고 생각하기 쉽다.

여러 번 반복해서 강조하지만, 암기법을 자기 것으로 완전히 익혀 공부에서 종횡무진 활용하려면 우선 아무리 소소해도 좋으니 성공 체험, 즉 작은 성공을 이뤄보아야 한다.

그러기 위해서도 암기 과목인 과학이나 사회를 맨 먼저 공략하는 것을 추천한다. 암기 과목은 말할 필요도 없이 암기 요소가 많아서, 성적을 올리는 데 암기법이 무척 크게 기여하기 때문이다.

이때 주의할 사항이 있다. 바로 처음부터 모든 암기 과목을 동시에 공략하려고 덤벼들지 않는 것이다. 암기 과목인 과학, 사회 중에서 우선 한 과목을 골라 공략하는 것이 좋다. 미처 익숙해지기도 전에 암기법으로 여러 과목을 동시에 외우려고 하면 도리어 실패할 가능성이 커진다. 실제로 한 과목이라도 공략할 수 있다는 자신감을 얻으려면 우선은 한 과목에 집중해서 암기법을 적용해보자. '암기법, 이거 굉장한 걸!' 하는 실감을 몸소 체험할 수 있다.

반드시 성공하고 싶다면 완벽하게 하려고 해선 안 된다. 이게 바로 비결이다. 아무리 열심히 노력해도 완벽한 상태란 없기 때문이다. 처음에는 평균점을 얻을 정도의 수준을 목표로 잡고 가능한 한 얕고 넓은 범위를 암기법으로 기억하자. 그렇게 해야 '나도 암기법을 활용할 수 있다'는 암기법의 네 번째 심경 단계에 빨리 도달할 수 있다.

또한 암기법은 앞서 말한 정신적인 요소가 굉장히 큰 영향을 미친다. 시험을 코앞에 둔 시점에 당황해서 부랴부랴 벼락

치기로 하지 말고 일정을 앞당겨 미리 해두면 편안한 마음으로 할 수 있어 효율도 높아진다. 특히 처음에는 반드시 지키는 것이 좋다.

 CHECK: **암기법에 자신감을 붙이려면,
작은 성공의 경험을 해봐야 한다!**

2단계
문제집 활용법

★

앞서 언급했듯이, 여러분이 암기법으로 암기 과목 중 한 과목을 외웠다고 생각해보자. 외웠다면 당일과 다음날에 반드시 복습해야 한다. 이미지 복습만으로도 충분하다.

복습을 끝냈다면 이번에는 문제집을 한 권이 아니라 여러권 골라서 암기법으로 외운 범위에 해당하는 문제를 풀어본다.

'여러 권의 문제집을 사용하라'고 말하면 의아한 표정을 짓는 사람들이 있다. 문제집 한 권도 좀처럼 끝내지 못하거늘 여러 권을 풀어볼 시간은 도저히 나지 않는다고 생각하는 사람도 있을 것이다. 언뜻 맞는 말인 것 같지만, 실은 틀렸다. 문제집 사용법은 통상의 사용법과 다르기 때문이다.

지식을 획득하는 수단으로 문제집을 사용할 경우, 가능하면 얇은 문제집 한 권을 여러 번 반복해서 봐야 하며 이는 옛날부터 자주 들어온 공부법일 테다. 외우기 위해서니까 여러 번 반복해서 볼 수 있을(보통의 암기법이라면 몇 번이고 해야 한다) 정도로 얇아야 한다.

하지만 암기법으로 복습하는 경우, 여러분은 이미 내용을 기억하고 있으므로 두세 권의 문제집을 풀어야 한다.

첫 번째 문제집을 풀고 나면, 같은 범위의 문제를 두 번째 문제집에서도 풀어보자. 이로써 여러분이 외운 지식을 여러 각도에서 확인할 수 있다. 문제집을 처음부터 끝까지 꼼꼼히 볼 필요는 없다. 새로운 지식을 획득하려는 게 아니라, 외운 지식을 확인하는 데 목적이 있기 때문이다.

역사를 예로 들면, 고대에 관해 외웠을 때는 고대 부분을 우선 첫 권째 문제집으로 보면서 풀지 못한 부분을 메모해두고, 이번에는 두 권째 문제집을 푼다. 첫 권째에서 못 보고 지나간 지식도 두 권째 문제집에서 복습할 수 있으니 누락되지 않는다. 또한 문제가 다르기 때문에 한 권의 문제집을 여러 번 반복할 때 느끼는 지루함도 없다.

또한 여러 권의 문제집을 사용하는 편이 더 흥미가 지속된다. 두 권째는 무척 수월하게 풀 수 있어서 만족감이 커지기 때문이다. 흥미가 계속 이어지면 굉장히 효율적으로 암기할 수 있다.

이 2단계 문제집 활용법은 정말로 효과가 큰 방법이니 특히 암기 과목에서 적용해보자.

 암기 후에는 두세 권의 문제집을 풀면서 암기한 것을 여러 각도에서 확인하자!

만점을 받으려 하면
불합격한다

★

    우선 합격자들의 평균 점수를 얻는 데 전념하자. 암기법을
적용하기 쉬운 암기 과목, 특히나 지식을 중심으로 한 과목인
경우 최고 수준의 우수한 성적을 내려고 하면 외워야 하는 지
식의 양이 몇십 배가 된다.

    내가 후지TV의 방송 프로그램에서 참의원(양원제를 채택하
고 있는 일본 국회의 상원에 해당한다 — 역주) 선거의 매니페스토
manifesto(정권의 선거 공약 — 역주)를 외우는 대결을 펼쳤던 일이
전형적인 예였다. 대결 상대가 유명 사립대학의 관련 동아리에
서 날고 기는 실력자라고 해서, 내가 일본 내 모든 당에서 내세

우고 있는 방대한 매니페스토를 구석구석까지 외우려고 하면 아무리 암기법을 구사해도 어마어마한 시간이 걸린다.

각 정당의 매니페스토를 한 글자, 한 문구까지 외우려 덤벼드는 건 좋은 방책이 아니다. 시간은 24시간으로 한정되어 있었다. 잠자는 시간과 식사 시간을 제하면 실제로 외우는 데 들일 시간은 10시간 남짓밖에 안 되는 셈이다. 우선 10시간 정도에 외울 수 있는 양을 가늠해야 했다.

'암기법을 구사해도 완벽히 외울 수 없다니!' 하고 실망하지 않길 바란다. 이렇게 시간과 범위를 줄여도 보통 사람의 몇십 배나 되는 기억력이다. 입시 공부를 할 때도 24시간이라든지, 그렇게 짧은 기간은 아니지만 역시 1년이라는 시간은 한정되어 있다. 한 가지 암기 과목에서 만점을 받으려고 하면 결과적으로 불합격이라는 결과를 받아들게 된다.

한마디로, 암기 과목에서 다른 열등한 과목의 점수를 만회하려고 하다가는 실패하기 십상이다. 반대로 합격자의 평균점을 목표로 하여 암기법으로 외우기는 쉽다. 다음과 같이 실행해보자.

· 우선 암기 과목에서 합격자의 평균점을 목표로 정해 공략한다
· 남은 시간을 암기 과목 외의 과목에 배분한다

· 만약 시간이 남으면 암기 과목을 다시 들여다본다

절대로 모든 과목에 암기법을 적용해 합격하려고 욕심내지 말아야 한다. 암기로 모든 것을 해결할 수는 없다. 그래도 암기법을 사용한 기억력은 여러분이 합격이라는 목표 지점까지 빠르게 다가가도록 해준다.

여러 번 강조하건대, 등산에 비유하자면 암기법이 정상(합격)까지 단번에 데려다주지는 않지만 팔부 능선까지 자동차로 가는 것이나 다름없다. 남은 구간은 직접 발로 걸어서 가야 하는데, 여러분이 암기법으로 팔부 능선 지점에 도착했을 때 입시 경쟁자는 맨 밑에서부터 걷기 시작해 겨우 20퍼센트 지점에 이르렀을 것이다. 즉, 압도적으로 유리하다. 여러분은 암기법을 습득하지 않은 보통 사람들과 경쟁하고 있다는 사실을 떠올리기 바란다.

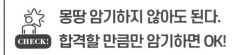
몽땅 암기하지 않아도 된다.
CHECK! 합격할 만큼만 암기하면 OK!

책상에 앉지 않고도 할 수 있는 수학 공부법

내가 실제로 해보고 상당히 큰 효과를 본 수학 공부법을 소개하겠다. 시간이 별로 없어도 수학 공부를 효율적으로 할 수 있어 바쁜 수험생에게 단연 추천하고 싶은 방법이다.

수학 공부는 보통 문제를 10분 정도 생각해도 알 수 없는 경우는 더 이상 집착하지 말고, 해답을 보면서 어떻게 풀면 되는지 그 패턴을 익혀야 한다(다른 많은 입시 교사도 이렇게 말한다).

수학 문제를 풀다 보면 어떻게 해서든 자신의 힘만으로 해답을 얻고 싶은 문제가 있기 마련이다. 하지만 수험생은 바쁘다. 아무런 힌트도 주어지지 않은 상태에서 혼자 답을 찾아낼 때까지 매달리다가는 아무리 시간이 있어도 부족하다.

꼭 해야 하는 과목이 수학만 있는 게 아니다. 수학에만 시간을 들이면 물론 수학 점수는 높을지 모르지만, 다른 과목에서 실패하게 된다.

나도 똑같은 경험을 한 적이 있다. 수학 문제를 마음껏 생각하고 싶다. 하지만 시간이 없다. 그런 모순을 어떻게 하면 해결할 수 있을까?

나는 다음과 같은 방법을 권하고 싶다. 수학 문제를 진지하게 생각했다면 다음날 그 문제를 풀다가 적어놓은 메모를 슬쩍 보기만 해도 어제 생각한 내용이 영상처럼 머릿속에서 튀어나온다. 수학과 같이 논리적인 과목일수록 외우려고 의식하지 않아도 핵심이 떠오르는 특성을 활용한 방법이다.

그러한 메모를 주머니 속에 넣어두었다가 다음날 등굣길에 집을 나선 순간 꺼내어 보는 것이다. 그리고 걸어가면서 그 수학 문제를 '이것도 아니고 저것도 아니고' 하면서 머릿속에서 생각한다. 마치 '머릿속에서 굴리는' 듯한 감각이다.

이처럼 기억은 '고구마 덩굴'식으로 하나를 끄집어내면 줄줄이 딸려 나온다. 이 '덩굴' 부분을 꽉 움켜쥘 수 있으면 고구마 부분(떠올리고 싶은 지식)을 캐낼(떠올릴) 수 있다.

특히 수학은 논리적인 과목이다. 고구마에 많은 덩굴(논리)이 얽혀 있다. 어떤 계기만 있으면 전체를 떠올릴 수 있다는 뜻이다.

계기만 있으면 떠올릴 수 있다는 논리라면 '잊는다'는 것은 '떠올리지 못할' 뿐인 게 아닌가! 그 이치를 한 실험 예능 프로그램에서 설명해준 일이 있다.

대개 인간은 나이가 들면 기억력이 나빠진다고 알고 있지만 그것은 기억력이 나빠지는 게 아니라 떠올리기가 어려워질 뿐이다.

그 예능에서 30대와 60대가 똑같이 15개 항목을 1분 30초 안에 외우는 실험을 했다. 처음에는 확실히 월등한 차이로 젊은이가 많이 기억해냈다. 하지만 60대에게 '어떤 일'을 했더니 기억해내는 양이 극적으로 늘어나 30대를 능가했다.

그 '어떤 일'은 이 책에서 몇 번이나 나왔던 이미지화를 가리킨다. 이 상황에서 우리는, 나이 든 사람이 '사물을 기억하는 능력이 쇠퇴했다'고 느끼는 건 착각이며 실은 떠올리는 능력에 차이가 생겼을 뿐이라는 사실을 알 수 있다.

앞서 말한 후지TV 프로그램에서 있었던 참의원 선거의 매니페스토 암기 대결도 이와 밀접하게 관련이 있다. 나는 유명 사립대의 현역 대학생과 막상막하로 대결을 벌였지만 당시 내 나이는 쉰한 살이었고 대결 상대는 이십 대 초반으로 부모와 자식 정도의 나이 차가 있었다. 내게 주어진 시간은 앞서도 말했듯이 24시간(잠자는 시간과 식사 시간을 제외하면 실제로는 약 10시간)이었으며, 게다가 상대 두 사람은 정책연구회 구성원이었다. 몇 년이나 각 당의 정책을 연구해왔으며 그중 한 남학생은 외교정책 전문가로 자부심을 갖고 있었다. 그에 비해 나는 그 방송에서 매니페스토를 처음 보았을 정도로 정책에 관해서는 완전 초짜였다. 이렇게 여러 가지로 불리한 조건 속에서 나와 대학생들은 팽팽하게 대결했다. 실제로 이 방송을 본 사람들이 내 대응 속도에 놀랐다고 한다. 51세인데 20대 대학생과 비교해도 확실히 반응 속도가 우월했다고 한다.

그렇게 할 수 있었던 요인은 내 기억이 '고구마 덩굴식'이기 때문이다.

인간은 대부분, 한 번 본 것은 잊기 마련이다. 하지만 그것은 기억을 끌어내는 방법을 몰라서다. 아까 말한 효율적인 수학 공부법 이야기로 돌아가면, 또 하나 중요한 사실은 어떻게든 문제를 풀려고 조급해하지 않아야 한다는 점이다. 인간은 '이 문제를 풀고 싶어. 하지만 못 풀겠네. 어쩌면 좋지?' 하는 강박관념에 쫓기면 사고가 멈추고 만다.

그런데 사실은 '머릿속에서 굴리는' 감각이 매우 중요해서 신기하게도 '풀어야지, 풀어야지' 하고 열심히 몰두하기보다는 생각을 머릿속에서 이리저리 굴려보는 편이 더 확실히 정답에 이르게 된다. 문제를 굴려가면서 수학을 즐기는 이미지를 생각하면 된다. 이는 물리 등 사고를 측정하는 과목 전부에 응용할 수 있다.

내 인생의 좌우명인 '인생은 잘 풀리게 되어 있어!'라는 사고, 그리고 '실패하면 단지 기분 탓'이라는 사고방식과도 통하는 면이 있다.

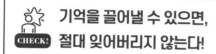

**기억을 끌어낼 수 있으면,
절대 잊어버리지 않는다!**

경이로운 영단어 암기법,
3배속 암기법

★

내가 고등학교 2학년 여름방학 때 우연히 발견한 영단어 암기법에 대해 이야기해보겠다. 나는 고2 여름방학에 두 달이 채 못 되는 기간 동안 4,000 단어를 외웠다.

나는 현재 60대이지만 이 학습법 덕분에 지금도 영어를 매우 잘한다. 영미권 영화를 자막 없이 볼 수 있으며 영어로 자연스럽게 대화할 수 있다.

물론 모르는 단어가 조금은 있지만 고2 여름방학 이후 영단어를 대량으로 외울 필요성을 느낀 적은 없다.

이 방법을 찾아내기 전까지 나는 영단어란 좀처럼 외울 수 없는 거라고 생각했다. 영어 문제를 풀려고 해도 단어를 제대로 외우고 있지 못하니 무슨 소린지 전혀 알 수가 없었다. 그런데도 당시에는 영단어를 외우는 데 할애할 충분한 시간이 없었다.

그도 그럴 것이, 나는 국립대학교 이과계를 지망한 데다가 특히 도쿄대 입시를 치러야 했기에 역사 등 시험 과목이 무척 많아서 영단어 암기에는 아주 짧은 시간밖에 낼 수 없었다. 하지만 밑져야 본전이라는 생각으로 영단어 공부를 매일 조금씩이나마 계속했다. 그러자 신기하게도 일주일 후쯤부터 효과가 서서히 나오기 시작하더니 결국에는 굉장히 많은 단어를 암기할 수 있었다.

이때 내가 실천한 방법을 다음 5가지로 요약할 수 있다.

- 어찌 되었든 매일 한다
- 암기에 할애하는 시간은 하루 15분
- 단어 하나를 외울 때 한두 번만 쓴다
- 전부 암기하지 않아도 된다는 편한 마음으로 한다
- 시간이 없으니 당일, 전날, 전전날의 단어만 복습한다

이러한 방법으로 어떻게 방대한 양의 영어 단어를 외울 수 있었을까. 그 이유를 조금 더 상세하게 고찰해보려고 한다.

첫 번째 이유. 단어 한 개를 외우는 데 걸리는 시간을 짧게 했다.

단어를 외우는 데 10배의 시간을 투자했다고 해서 10배 더 높은 효율이 나는 것은 아니다. 만약 '가로축에 외우는 시간', '세로축에 외우는 효율'이라는 그래프를 만들어보면, 처음에는 효율이 높지만 외우는 시간이 길어질수록 효율은 점점 더 떨어진다. 따라서 한 개의 단어를 외우려고 종이에 쓰는 횟수도 가능한 한 줄이는 것이 좋다. 구체적으로 설명하겠다.

단어 하나를 쓰는 데 5초가 걸린다고 하자. 만약 그날 단어를 전부 외우려고 하나의 단어를 20번씩 썼다고 한다면, 5초×20회=100초가 걸린다.

하지만 그날 꼭 단어를 전부 외우려고 하지 말고 2회만 쓴다면 5초×2회=10초밖에 걸리지 않는다. 그러므로 같은 100초라는 시간 동안 아까보다 10배인 10개의 단어를 쓸 수 있다.

가령 하나의 단어를 20회 썼다고 해도 그 단어를 100퍼센트 확실하게 외운다는 보장은 없지만 10개의 단어를 2회씩 쓰면 만약 30퍼센트의 낮은 비율밖에 외우지 못했다고 해도 3개의 단어를 외울 수 있으니 효율은 3배가 된다.

　두 번째 이유. 전부 외우려 들지 않았다.
　첫 번째 이유에서도 언급했지만 '전부 외우지 않아도 좋다'
는 해방감은 암기할 때 매우 중요하다. 이론적으로 설명하기는
어렵지만 나는 경험을 통해 이 사실을 확신하고 있다.

　세 번째 이유. 속도가 빠르다.
　하나하나를 해내는 속도가 빠르면 영단어 이외에 다른 것
을 생각할 여유가 없다. 틀림없이 '영어로 생각하는' 상태에 가
까워질 것이다.

　네 번째 이유. 많은 영단어를 접할 수 있었다.
　하루에 많은 영단어를 접할 수 있기에 시간을 들여 적은 개
수의 단어에 도전하기보다는 '영어 단어란 이런 것' 하고 넓은
감각을 얻을 수 있다.

　다섯 번째 이유. 사람은 본래 이 정도로 우수하다.
　이 방법의 경우, 보통의 3배 속도로 영단어를 외울 수 있
다. 실제로는 누구나 할 수 있지만 평소에 이렇게 빠른 속도로

하지 않기 때문에 깨닫지 못하는 것이다.

여섯 번째 이유. 당일, 전날, 전전날 외운 단어만 복습했다.
단어를 외운 직후가 가장 잊기 쉬우므로 한 번 외우고 나면 며칠 이내에 집중적으로 복습한다.

이 학습법은 가능한 한 매일, 되도록이면 정해진 시간에 실행하기를 권한다. 공부를 루틴화하면 기억력 증진에 밀접하게 관여하기 때문인데, 그 이유는 5장과 6장에서 자세히 설명하겠다. 나중에 이 방법에 익숙해지면 그때는 언제 해도 괜찮다. 일정이 중요한 게 아니라 영단어 암기에 대한 사고방식이 중요하다.

이 암기법은 이미지화하기 어렵지만 전부 확실하게 외우지 않아도 좋은 경우에 적용할 수 있으니 영어 단어, 영어 숙어, 고전 어휘 등을 외우는 데 안성맞춤이다.

영단어의 의미는 가령 일부 정확하게 외우지 않더라도 어떤 카테고리에 속하는지를 기억해두기만 하면 영어 문장을 읽는 데 큰 도움이 된다.

이 기억법은 너무나 간단해서 이런 방법으로 정말 영단어를 그렇게 많이 암기할 수 있나, 하고 믿지 못하는 사람이 있는 것도 당연하다. 앞서 소개한 '장소법'에 익숙해지고 암기법에 대한 확고한 신뢰를 확보하고 나서 시험해야 효과가 더 커질 것이다.

나는 이 방법을 '3배속 암기법'이라고 이름 붙였다. 말 그대로 단순하게(이미지를 사용하지 않고) 외우고 싶은 단어 수보다 훨씬 많은 양을 학습하기 때문이다. 만약 하루에 30개의 단어를 외우고 싶다면 그 배인 60개를 암기하려고 시도해보자.

CHECK! 매일, 외울 단어 양의 두 배를,
15분 동안, 2번씩 쓰기.
하루 뒤, 이틀 뒤에 복습하기.

하루에 단 15분, 두 달 만에 4,000단어를 완전 습득!

★

3배속 암기법을 실천하는 구체적인 방법을 설명해보겠다.

만약 여러분이 2개월에 영단어를 4,000개 외우고 싶어 한다고 치자. 1개월을 30일이라고 하면 60일에 단어 4,000개이니까 4,000개÷60일=66.6으로 하루에 66.6개다.

다시 말해, 하루에 약 66개의 단어를 외우면 된다. 이 3배속 암기법에서는 반드시 전부 외우지 않아도 되는 대신에, 가능한 한 많은 단어를 접하는 것이 중요하다.

여기서는 하루에 단어 100개를 목표로 설명해보겠다.

1일째

우선 암기하는 데 투자할 시간을 하루 15분으로 정한다.

1일째는 100개 단어를 15분 동안에 암기하려고 하면 된다.

15분은, 15분×60초=900초이므로 900초÷100단어=9초/단어가 된다. 즉, 단어 한 개를 9초에 외우면 된다는 계산이 나온다.

물론 전부 완벽하게 외우려고 해서는 안 되며, 단어 한 개를 외우는 데 9초 이상 걸려도 안 된다. 그러므로 단어 리스트를 준비해두고 쭉쭉 실행할 수 있도록 하자.

2일째

2일째도 같은 방법으로 실행하면 되는데, 우선 전날 외우려고 했던 100개 단어를 간단히 복습하고 나서 이날 새로운 100개 단어를 외우려고 한다. 반복해 말하지만 '외우는' 것이 아니라 '외우려고 하는' 것이 중요하다. 전부 기억할 필요가 없기 때문이다. 전부 기억해야 한다는 강박관념에서 벗어나야 한다.

3일째 이후

2일째와 거의 같지만, 전날 외우려 했던 단어와 함께 전전날 도전했던 단어도 재빨리 복습한다. 전전날 이전의 단어는 복습하지 않아도 괜찮다. 그리고 그날의 새로운 단어 100개를 외우려고 하자.

처음에는 적응되지 않겠지만 2주일만 참고 계속해보면 분명히 효과가 나타난다. 매일 100개의 단어를 외우려고 시도하고 그중에서 66%(66개의 단어)를 외울 수 있으면 된다. 분모를 늘리면 분자도 늘어난다고 생각하면 된다. 결과적으로 보통의 방식보다 많이 외울 수 있다.

'소쿠리 vs 양동이' 암기법의 사고방식을 제2장에서 설명했다. 보통의 암기 방법은 소쿠리로 물을 퍼 올리는 것이나 다름없어서 외우기는 해도 한편으로 계속 잊어버린다. 마치 소쿠리의 그물눈 사이로 물이 쭉 빠져나가는 것처럼 말이다.

반면에 암기법인 '장소법'은 양동이로 물을 퍼 올리듯이, 대량의 물을 한 방울도 흘리지 않고 모조리 계속해서 퍼 올릴 수 있다.

이 3배속 암기법은 소쿠리로 물을 퍼 올리는 것이나 다름없지만 그 퍼 올리는 속도를 최대로 높여 빨리 하는 방식이다. 역시 소쿠리의 그물눈에서 물이 조금은 빠져나가지만 열심히 빨리 퍼 올리기 때문에 결과적으로 많은 물을 퍼 올릴 수 있다는 사고방식이다.

속도를 높여도 기억하는 백분율이 극단적으로 낮아지지 않는다는 점이 이 학습법의 특징이다. 그렇지만 하루에 공부 시간이나 단어 개수 등 처음에는 너무 무리하지 않도록 하자.

 빠르고 많이 외우자.
CHECK! **결과적으로 많이 외울 수 있다!**

5장

시간 관리 :
시험공부는 짧고 빠르게
끝낼수록 좋은 것이다

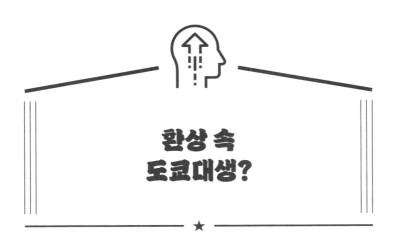

환상 속
도쿄대생?

★

　도쿄대학교는 들어가기가 가장 어려운 대학, 입학시험이 가장 어려운 대학이라고들 한다. 어떤 의미에서는 맞는 말일지 모른다. 다른 대학교와 비교해서 모든 분야에서 최고의 환경에 가깝다고 할 수 있다.

　내가 재학하던 약 40년 전, 확실히 도쿄대학교는 연구 환경이 훌륭했으며 교수진도 매우 뛰어나 모두 존경스러웠다. 가장 자랑스럽게 여긴 것은 바로 대학 동급생들이었다. 인격과 능력, 양면에서 무척 우수한 학생이 많았다. 공부만 하는 전형적인 도쿄대생의 이미지를 지닌 학생은 거의 찾아볼 수 없었다.

도쿄대에 입학하기 전의 나는, 도쿄대에 들어간 사람은 태어날 때부터 뇌 구조가 나 같은 평범한 사람과는 다르다고 굳게 믿고 있었다. 도쿄대에 합격한 사람이 친척은 물론, 다니던 고교 졸업생 중에도 거의 없어서 실제로 도쿄대생을 만날 기회가 전혀 없었다. 그래서 도쿄대생은 모두 천재일 거라는 환상이 내 머릿속에서 한껏 부풀어 올랐다.

'동경하는 도쿄대생'

만약 입학할 수만 있다면 수명이 10년 줄어들어도 좋다고까지 진심으로 생각했다. 지금은 생각할 수 없는 이야기다.

실제로 도쿄대에 합격하고 보니 현실 상황은 내 상상과 엄청나게 달랐다.

약학부 3학년 때 동급생에게 재미있는 에피소드가 하나 있다.

도쿄대 학생끼리 친구의 집에 놀러 갔을 때의 일이다. 놀러 간 집에서 친구 어머니가 솜씨를 발휘해 스테이크를 여러 덩어리 구워주셨다. 모두 20대 초반의 식욕 왕성한 남자들이라 혼자서도 스테이크를 몇 덩어리나 먹을 수 있어 더없이 좋은 시간이었다. 한 덩이의 스테이크를 먹어치우고 연속해서 또 한 덩이를 먹으려던 때, 한 학생이 슬며시 약을 꺼내 먹는 게 아닌가.

"식사하다 말고 왜 약을 먹어?"

"이건 식간에 복용하는 약이라서 지금 먹어야 되거든."

그 말을 듣고 모두 놀라서 아무 말도 하지 못했다.

식간 복용 약은 식사하는 중간이 아니라 식사와 식사, 즉 끼니와 끼니 사이에 복용하라는 뜻이다. 식사를 마치고 나서 2시간 후가 가장 적당하며 공복 상태에서 먹어야 효과가 좋은 약이나 위 점막을 보호하는 데 목적이 있는 약은 이렇게 식간에 복용한다. 도쿄대학교 약학부라는, 약 분야에서는 일본 최고라고 불리는 대학교의 학생이 이런 터무니 없는 착각을 했던 것이다.

이처럼 도쿄대생이라고 해서 모든 것을 올바르게 알고 있는 것은 아니다. 만약 여러분이 도쿄대를 목표로 하고 있고 여러분의 주위에 도쿄대생이나 도쿄대 졸업생이 없다면 머릿속에서 고교 시절의 나처럼 도쿄대가 신격화되어 있을 우려가 있다. 목표를 도달할 수 없을 정도로 먼 곳에 설정해놓으면 아무리 열심히 공부해도 합격할 수 있을 것 같지가 않다.

가능하면 실제로 도쿄대 캠퍼스 안으로 들어가서 자신의 눈으로 직접 목표를 확인하는 것이 좋다. 백문이 불여일견이라고 했다. 도쿄대생이라고 해도 여러분과의 사이에 특별한 차이가 없다는 것을 직접 체감하길 바란다. 시험은 100점을 맞지 않아도 합격한다. 불합격한 사람과 합격한 사람의 사이에는 종잇장 한 장 차이밖에 없다. 불합격한 사람은 조금만 더 노력했더라면, 매일 15분씩만 더 공부했더라면, 목표로 한 대학에 합격했을지도 모른다.

도쿄대생도 여러분과 똑같은 사람이다. 물론 도쿄대에 합격하기는 어려울지 모르지만 열심히 노력하면 여러분 자신도 달성할 수 있다.

 도쿄대생과 아닌 사람은 어쩌면 한 끗 차이일지도?

암기법에 날개를 달아줄 시간 관리법

나는 암기법 세미나를 개최하고 있다. 말 그대로 암기하는 방법, 기억하는 기술을 가르치는 세미나다. 세미나 덕분에 기억력이 비약적으로 상승했다며 기뻐하는 감사의 말을 수없이 들었다. 누구나 쉽게 도전할 수 있도록, 그리고 바로 효과가 나오도록 나는 매년 조금씩 암기법을 개선해나가고 있다.

예전에 세미나에 참가했던 한 학생이 이런 상담을 청해온 적이 있다.

"선생님 덕분에 지금까지 열등감을 갖고 있던 기억력에 자신감이 생겼어요."

"뭐든지 바로 기억할 수 있게 되니까 시험에 합격하는 길이 보이더군요. 감사합니다."

이렇게 학생들이 고마워하는 말을 들으면 나도 진심으로 기쁘다. 그런데 학생은 이어서 이렇게 말하기 시작했다.

"하지만 합격하지 못하는 다른 이유를 알았어요."

순간 내 귀를 의심했다.

암기법은 이미 습득하고 있었다. 기억력에 절대적인 자신 감이 붙었으니 이제는 공부만 하면 반드시 성과를 낼 수 있는 지점까지 와 있었기 때문이다.

"저한테는 의욕이 없다는 걸 깨달았습니다. 지금까지는 시 험에 합격하지 못하는 건 기억력 탓이라고 생각했거든요. 그런 데 진짜 원인은 의욕이 없는 거였어요."

이제 실행만 하면 되는데. 나는 무심코 '마음대로 해!' 하고 마음속에서 소리 질렀다.

암기법 덕분에 누구에게도 지지 않을 기억력을 익혔는데 정작 중요한 공부 의욕이 없다면 더 이상 어쩔 도리가 없다고 생각했다. 하지만 그때 그는 진지한 표정을 짓고 있었다. 지금 도 그때 그 학생의 표정이 나의 뇌리에 강하게 박혀 있다. 이 문제는 어쩌면 모든 사람에게 영원한 과제일지도 모른다.

나는 역경에 부딪히면 신기하게도 투지가 불타오르는 성격이다.

'이건 기회다!'

나는 기회가 있을 때마다 '이해하지 못하는 건 기억할 수 없다'고 강조해왔다. 전혀 읽어 본 적이 없는 책을 암기법을 사용해 한 글자, 한 문구를 외우고 시험장에 가서 문제의 답을 머릿속에 있는 지식에서 끌어내 그대로 답안지에 옮겨 적는 것을 암기법이라고 오해하는 사람이 많다. 하지만 이런 신기에 가까운 솜씨를 발휘하는 건 아무리 암기법을 익혀도 불가능하다. 이런 능력이 있다면 전혀 공부(여기서는 이해를 의미한다)하지 않아도 기억만으로 어떤 시험에서도 합격할 수 있을 것이다.

다시 말해, 기억과 이해는 자동차의 양 바퀴라고 할 수 있으며 이해하는(공부하는) 노하우를 완성시킨다면 암기법에 마치 호랑이에게 날개를 달아주는 셈이 아닌가. 반대로, 공부하기가 몹시 고생스럽다면 모처럼 습득한 암기법도 충분히 효과를 발휘하지 못한 채 끝나지 않을까. 그렇게 생각한 나는 당장 공부 노하우를 연구하기 시작했다. 연구 과정에서 동기부여가 중요한 열쇠라는 것을 깨달았고 그렇게 해서 다다른 결과가 바로 시간 관리법이었다.

시간은 누구나 갖고 있는 유한 자원이다.

가난한 사람도 부자도 하루는 똑같이 24시간이다. 머리가 좋은 사람도 나쁜 사람도 하루는 24시간이다. 어떤 사람에게만 48시간, 혹은 12시간이 주어지는 일은 없다.

나는 시간 관리의 일반 법칙을 찾아 동서고금의 문헌을 샅샅이 읽어나갔다. 법칙을 찾아내면 먼저 나 자신에게 적용해 보았고 그 법칙이 유효하다고 확인되면 다음에는 핵심만을 추출했다. 그리고 세미나에서 공개해 많은 참석자가 실행하도록 했다. 바로 시간 관리법 연구소의 시작이다.

시간 관리법은 더 이상 없을 정도로 연구를 다한 주제이므로 나는 다음의 핵심 요건을 특히 중요하게 여겼다.

· 누구나 실행할 수 있을 것
· 습득하기 위한 연습 시간이 짧을 것

내가 가장 갈망하던 전제는 누구나 실행할 수 있어야 한다는 점이었다. 내게는 습득하기 어려운 내용을 손쉽게 습득할 수 있는 방법으로 바꿔 탄생시키는 재능이 있다고 자부한다. 내 암기법도 그렇게 탄생했다. 남한테 알려주지 않고 자손에게만 물려준다는 그 어려운 암기법을 누구나 손쉽게 습득할 수 있게 했다. 암기법을 습득함으로써 단기간에 편차치를 대폭 끌어올려 그토록 갈망하던 의학부에 합격해서 자신의 인생 목적을 달성한 사람이 많다. 암기법도 시간 관리법도, 일부 선택된 사람들만의 소유물로 두고 싶지 않다. 누구나 자신의 목표 달성을 위해 평소부터 사용할 수 있게 하고 싶다.

또한 시간 관리법은 즉시 효과가 발휘되어야 한다. 시간이 없어 시간 관리법을 습득하려는 것인데 정작 그 시간 관리법을 습득하는 데 시간이 걸려 공부 시간이 더 줄어든다면 아무 의미가 없다.

 시간 관리, 누구나 쉽게 할 수 있다!

실패한 과거는 잊는다

★

시간 관리에 성공한 사람은 모든 일에서 성공을 거머쥘 수 있다고 확신한다.

나는 입시를 앞두고 있는 학생과 자주 대화를 나누는데, 내가 강의를 하고 있는 세미나가 끝난 후의 짧은 시간을 이용하기도 하고 때로는 별도로 시간을 내어 한 시간 정도 직접 고민을 듣기도 한다(내가 주최하고 있는 암기학원에서 월 1회 상담을 실시한다).

또한 직접 만나서 상담하지 않고 문자나 메일로 이야기를 나눌 때도 많다. 이러한 기회를 이용해 지금까지 상담한 인원은 8천 명이 넘는다.

"내년 입시를 생각하면 불안해서 어쩔 줄을 모르겠어요."

"너무 불안해서 공부가 손에 잡히질 않습니다."

이런 이야기를 자주 듣는다.

오지 않을지도 모르는 미래의 재난을 상상하고 현재를 헛되게 보내는 경우가 무척 많은 듯하다. 내년 입시에 불합격할지도 모른다고 생각하면 무의식중에 그 결과를 받아들이는 행동을 하게 된다. 자신이 걱정하는 일을 이미 일어난 결과라도 되는 양 예상하고는 그 상황을 현실로 만드는 것이다.

이런 현상을 자기충족적 예언self-fulfilling prophecy(미국 사회학자 윌리엄 토머스가 주장한 이론을 로버트 머튼이 다양한 상황에 적용하고 용어를 만들어 대중화했다 — 역주)이라고 한다. 우리는 무의식중에 자기충족적 예언을 행하고 있다. 자신은 공부를 못한다면서 공부하지 않는 행동을 취해 스스로 그 결과를 초래한다. 시간 관리법은 이러한 문제를 해결할 수 있다.

예전에 메이저리그에서 활약하던 프로야구 선수 노모 히데오野茂英雄가 최고 선수의 조건으로 내세운 말이 무척 인상적이었다. 노모 선수는 한 인터뷰에서 이렇게 대답했다.

"과거에 패배한 시합을 잊어야 합니다."

어제의 실패를 잊을 수 있다면 후회로 멈춰 있는 과거로부터 자신을 해방할 수 있다.

내가 주장하는 시간 관리법은 그러한 해방도 가능하게 한다. 오지 않을지도 모르는 미래와 되돌릴 수 없는 과거에 얽매여 연연하지 말고 오늘에만 집중해 시간을 최대한 활용하는 관리술이다.

인생은 항상 오늘의 연속이다. 인생에서 성공하는 것도 공부에서 성공하는 것도 대부분이 마음의 문제다. 나는 진심으로 그렇게 확신하고 있다.

 과거의 실패에 시간을 쓰지 말자!

공부도 다이어트도
핵심은 같다

★

　'어제 공부하지 않았더니 오늘도 의욕이 생기지 않는다.'

　'어제 영업에서 거절당하고 나니 오늘도 거절당할 것만 같다.'

　우리의 마음이 언제나 논리적으로 움직이는 것은 아니다. 충동적인 일에 좌우되기 쉽다. 마음은 그런 것이다.

　어떤 TV 프로그램에서 단기간에 건강하게 살을 뺀 젊은 여성의 다이어트 기록을 3개월에 걸쳐 소개한 적이 있다. 젊은 여성이 살쪘을 경우 그 어머니도 살찐 경우가 많다. 그 여성의 경우도 어머니가 가장 살쪄 있었다. 어머니는 딸이 날씬하고 예뻐진 모습을 보더니 부러운 마음이 들었다.

방송 제작진이 "어머님은 다이어트 안 하세요?" 하고 묻자 어머니는 이렇게 대답했다.

"지난 20년간, 내일부터 해야지 하고 늘 생각해 왔어요."

내일부터 다이어트 하겠다는 생각을 20년 동안이나! 오늘은 평소대로 식사할 수 있는 마지막 날이니까 마음껏 먹겠다고 결심하지만, 내일이 되면 아주 편리하게도 그날 역시 내일부터 다이어트를 시작하는 마지막 날이었던 것이다. 그런 날을 20년 동안이나 계속하면 마음껏 먹는 날도 결국 20년간 계속된다.

인생은 오늘의 연속이다. 다이어트에 비책 같은 건 없다. 매일 조금씩 노력하는 게 왕도이다. 하루에 몇 킬로그램씩 빼려고 해서는 안 된다. 그렇게 했다가는 병에 걸릴 게 틀림없다.

공부도 다이어트와 마찬가지다. 시험 기간이 되어 밀린 공부를 만회하려고 무리한 일정으로 공부한다거나 하룻밤 사이에 벼락치기를 해봐야 진정한 의미에서의 실력은 붙지 않는다. 학교에서 실시하는 정기 시험에서는 어찌어찌 단발적인 성과를 얻을 수 있을지 몰라도 출제 범위가 넓은 시험에서는 통용되지 않을 것이다.

또한 잠자는 시간을 아까워하면서 공부하는 사람이 있는데, 수면은 공부나 일할 시간을 빼앗아가는 적이 아니라 다음날 공부와 일을 효율적으로 하기 위해 꼭 필요한 일종의 투자이다. 물론 투자한다고 해서 바로 이익을 회수할 수는 없는 일이지만, 이익을 얻으려면 투자가 필요하다. 수면 기간을 줄이는 방법은 절대로 피해야 한다. 쾌적한 수면은 아무리 지친 마음도 다시 회복시키는 효과가 있다.

오늘밤에는 일찍 자고 내일 이른 아침에 일어나 공부하겠다고 다짐한다. 그리고 일찌감치 잠자리에 든다. 평상시에 피로가 쌓여 있다 보니 아침 일찍 일어나려고 마음먹었는데도 계획한 시각에 일어나지 못하고는, 눈을 떠보니 어느새 시간이 꽤 늦어져 있었다. 이런 식으로 하다가는 목표로 정한 대학교에 합격하지 못할 거라고 비관한다. 일찍 일어나지 못한 자신을 질책하며 그날을 헛되이 보내고 만다. 그날을 망쳤을 뿐만 아니라 그렇게 헛되이 흘려보낸 걸 후회하느라 그 다음날도 어영부영 또 헛되이 보내고 만다.

이 이야기는 친구에게 들은 게 아니라 바로 고등학교 때 내가 경험한 일이다.

지금의 나라면 평소에 피곤이 누적된 탓에 단지 일찍 일어나지 못했을 뿐이라고 자신을 다독일 것이다. 또한 늦게 일어났다 해도 곧바로 공부를 시작한다.

그런데 세미나 후의 짧은 상담 시간에 이야기를 들어보면,

어른도 별 것 아닌 사소한 실수에 계속 연연하여 고민하느라 현재의 시간을 쓸모없이 흘려보내는 사례가 많다. 과거에 겪은 실패나 실수 경험을 훌훌 털어버리지 못하고 계속 사로잡혀 있는 사람을 너무도 많이 봐왔다.

 **CHECK! 매일 조금씩, 잠은 충분히.
어제 못 한 것은 오늘하면 된다!**

'계획을 달성하는 습관'을
만드는 법

공부 방법에 대한 고민을 상담하러 오는 사람들에게 나는
이렇게 조언한다.

"공부의 양을 강제로라도 20퍼센트 줄여보시죠."

100점 만점을 노리는 작전을 쓴다면 무리한 다이어트와
마찬가지로 오래 가지 못한다. 80퍼센트 선을 목표로 삼아 매
일 공부를 지속해보자. 목표량을 줄인 계획을 완전히 실행하는
것이 중요하다. 그날 계획한 공부를 모두 끝내고 나서 하루를
마치는 습관을 들이자. 밤이 깊도록 책을 붙들고 깨어 있을 게
아니라 평소와 같은 시각에 잠자리에 들 수 있도록 공부 분량

을 줄이는 것이 좋다. 공부 분량을 줄여서 우선 2주일 동안 실천해보자.

2주일 동안 매일 하지 못한 분량 없이 계획대로 해냈다면 비록 완수한 공부 분량은 20퍼센트 적지만 더할 나위 없는 성취감에 푹 잠들 수 있다.

"이래 봬도 나도 한다면 하는 사람이라고!" 하고 자신을 존경하는 마음이 생긴다.

2주일이라도 계획한 일정대로 해내고 나면, 신기하게도 계획을 완전히 달성하는 것이 자신의 본래 습성인 것처럼 느껴진다. 자기충족적 예언이 좋은 방향으로 작용한다. 그 결과로 줄였던 공부 분량을 원래로 되돌릴 수 있게 되는데, 우선 처음에는 공부의 양보다는 계획한 일정대로 실행하는 데 초점을 두고 실행해보자.

이런 간단한 방법으로도 굉장히 효과가 크다. 그런데 이렇게 좋은 방법이 왜 널리 보급되지 않는 것일까. 오랜 시간 일하는 것이 가장 쉬운 해결책이기 때문이다.

물론 짧은 시간밖에 공부하지 않으면 아무리 효율 좋은 방법으로 공부한다 해도 합격할 수 없는 게 당연하다. 게다가 오랜 시간 동안 공부를 하면 주위 사람들이 칭찬도 하고 높이 평가한다. 밤늦게까지 책상 앞에 앉아 있는 자녀를 야단치는 부모는 없다.

여기에도 함정이 있다.

공부가 잘 안 되는 가장 쉬운 방법은, 계획한 일정대로 공부하지 않고 자기 불신에 빠지는 것이다. 계획대로 실행하면 그날부터 인생이 달라진다. 물론 좋은 방향으로 바뀌게 된다.

내가 개발한 시간 관리법을 설명해보겠다. 방법은 매우 간단하다.

· 머릿속에 있는 것을 모두 적는다(가시화)
· 분류한다
· 자신의 목표를 중심에 둔다
· 담담히 실행한다
· 위의 과정에서 자신의 목적에 가까워지고 있는지를 분석한다

다른 시간 관리법보다 간단하고 효과는 절대적으로 크다. 내 인생을 바꾸고 싶다! 그것도 지금 당장! 이렇게 생각하는 사람은 꼭 이 방법을 충실하게 따라서 실천해보라. 이미 상당

히 많은 사람이 이 시간 관리법을 이용해 극적으로 인생을 좋은 방향으로 변화시켰다. 변화라는 말로는 다 할 수 없을 정도로 굉장한 성과를 올렸다.

 '목표한 것을 달성하는 습관'을 길러라!

시간 관리법 첫걸음, 머릿속에 있는 것 모두 꺼내기

우선 맨 먼저 머릿속에서 생각하고 있는 것을 전부 꺼내 글로 적는다. 머릿속에서 드는 생각, 느낌, 또는 불안한 일도 전부 꺼내놓는 것이다. 이 작업이 첫 단계다. 종이에 적는 것은 누구나 할 수 있는 단순한 행동이면서도 매우 큰 효과가 있다.

모든 것을 종이에 써 내려가야 하는 이유는 자신이 신경 쓰고 있거나 마음에 걸리는 일을 머릿속에서 몰아내기 위해서다. 아무리 황당무계한 일이라도 조금이라도 신경 쓰인다면 뭐든지 글로 적어보자. 적은 항목이 셀 수 없을 정도로 많아도 전혀 걱정할 필요 없다. 지금은 아무것도 생각하지 말고 솔직하게

써 내려가자. 반대로 적을 항목이 아주 적어도 상관없다.

'이런 부끄러운 일을 적어도 괜찮을까?'

'이렇게 애매한 얘길 쓴다고 의미가 있을까?'

주저하지 말고 척척 써보자. 이렇게 써 내려가면서 자신의 마음속에 있는 것을 알 수 있게 된다. 이 작업을 하지 않고서는 알 수가 없다.

다만 적어나가는 작업을 하는 동안에는 이미 쓴 내용을 비판하지 않도록 주의하자. 또한 다른 사람에게 비판받지 않는 것도 중요하다. 그러므로 이 작업은 가능한 한 혼자 하길 바란다.

앞으로 하게 될 분류 작업을 간단히 하기 위해 포스트잇에 적자. 또한 쓰는 속도도 중요하다. 잠깐이라도 머릿속에 스친 생각은 곧바로 적는 것이 좋다.

오늘 아침, 내 머릿속에 떠오른 일을 열거해보면 다음과 같다.

수염을 깎는다, 양치질을 한다, 컴퓨터를 켠다, 메일을 확인한다, 오늘 할 일을 생각한다, 휴대전화를 충전한다, 화장실에 간다, 라디오를 듣는다, 텔레비전을 본다, 아침을 먹는다, 아침을 먹은 후에 무얼 할지를 생각한다, 지갑 속에 있는 영수증을 정리한다, 서류를 정리한다, 자전거 배터리를 충전한다, 쓰레기를 내놓는다, 행복한 생활을 실현한다.

몇십 초만 생각해도 이렇게 많은 항목을 적을 수 있다.

'화장실에 간다'와 같이, 언뜻 아무래도 상관없는 일도 쓰여있다. 또한 '행복한 생활을 실현한다'와 같이 추상적인 내용도 적혀 있다. 자신의 머릿속에 있는 그 어떤 것도 좋으니 모조리 종이에 써보자. 이제 잠시 책을 손에서 내려놓고 여러분도 실제로 적어보길 바란다.

어떤가? 머릿속에서 모호하게 떠돌던 생각이 일목요연하게 정리될 것이다.

제1차 남극관측대의 월동대장이었던 니시보리 에이자부로西堀栄三郎가 인상 깊은 말을 했다.

"남극에서 겨울을 날 때 뭐가 가장 두렵던가요?"

"알지 못한다는 게 두려웠어요."

어느 정도로 센 강풍이 불어올지, 기온이 어디까지 떨어질지를 전혀 알 수 없다는 게 가장 무서웠다고 한다.

자신이 무엇을 생각하고 있는지, 자신이 무엇에 두려움을 느끼는지, 자신은 어떤 일에 스트레스를 느끼는지, 사람은 의외로 자신에 관해서는 모르는 법이다. 우리는 알지 못하는 것에 싸움을 걸 수는 없다.

하지만 글로 써서 가시화하는 간단한 작업을 통해 자신을 알게 된다. 눈앞에 있는 포스트잇 다발이 바로 여러분의 모습이다.

 CHECK! 내 머릿속을 스스로 볼 수 있게, 메모해보자!

꺼낸 생각들 분류하기

★

　머릿속에 있는 것을 전부 끄집어내 적었다면, 다음으로 해야 할 일은 적어놓은 사항들을 분류하는 작업이다. 구체적으로는 다음 네 가지 항목으로 분류된다.

· 당분간 할 필요가 없는 일
· 타인에게 의뢰할 수 있는 일
· 5분 안에 할 수 있는(단번에 할 수 있는) 일
· 5분 안에 할 수 없는(단번에 할 수 없는) 일

될 수 있으면 큰 종이를 준비해(A3 용지가 적당하다), 아까 적은 포스트잇을 붙여보자.

우선 '당분간 할 필요가 없는 일'을 가려낸다. 머릿속에서 신경 쓰이는 일이라도 당분간 할 필요가 없다고 판단했다면 '당분간 할 필요가 없는 일'로 분류한다. 이쪽으로 분류되는 포스트잇이 예상보다 무척 많을 것이다.

이때 알아둬야 할 점은 다음과 같다.

본래 할 필요가 없는 일, 본래 생각할 필요가 없는 일이 머릿속으로 찾아와 자신의 막대한 에너지를 소비하기도 하고 자신의 능력에 제동을 걸기도 한다. 할 필요가 없는 일을 가려내 분류함으로써 그 사실을 자각할 수 있다.

할 필요가 있는지 아닌지를 판단하기가 어려울 수도 있다. 너무 깊이 생각하지 말고 분류 작업을 담담히 진행하자. 잘못 분류해도 괜찮다. 작업을 진행해나가면서 당분간 할 필요가 없다고 생각했던 일이, 실제로는 바로 해야 하는 일이었다는 것을 깨달았다면 그때부터 얼마든지 다시 분류하면 된다.

분류하는 동안에 새로운 생각이 뇌리를 스쳐갔다면 그것도 주저 없이 포스트잇에 적어 분류해나가자. 할 필요 없는 일 쪽에 가능한 한 많은 포스트잇을 분류해 넣자.

다음으로는 '타인에게 의뢰할 수 있는 일'이다. 세상은 사회적 분업으로 이루어져 있다. 가령 여러분이 출장을 갈 때는 운송 수단이라는 다른 사람의 힘을 빌려 출장지까지 간다. 타인에게 일을 의뢰하지 않고는 사회가 이루어질 수 없다. 실제로 타인에게 일을 의뢰하는 것뿐만 아니라, 예를 들면 서점에 책을 사러 가는 행위나 온라인 사이트에서 상품을 구입하는 행위도 모두 타인에게 의뢰하는 것을 의미한다. **가능하면 많은 일을 타인에게 의뢰하자.** 이때 주저해서는 안 된다.

셋째로는 '5분 안에 할 수 있는(단번에 할 수 있는) 일'이다. 여기서는 꼭 시간상으로 5분 이내에 할 수 있는 일이 아니라, 집중해서 단번에 할 수 있는 일을 분류하면 된다. 소요 시간이 1분이어도 괜찮고 5분이든 한 시간이든 상관없다. 집중해서 해낼 수만 있으면 된다. 가령 다른 사람과 전화로 이야기를 할 때는 10분이라도 집중해서 이야기하게 된다. 따라서 타인과 전화로 이야기하는 것은 '5분 안에 할 수 있는(단번에 할 수 있는) 일'로 분류한다.

단번에 할 수 있는 일을 가려내는 까닭은, 사람은 집중하지 못할 때라든지 이제 어떤 일을 할지를 생각할 때 가장 의욕을 잃기 때문이다.

만약 한 가지 일이 끝나고 나서 바로 다른 일을 할 수 있다면 나를 잊고 일에 열중하는 상태, 즉 몰아 상태로 연속해서 들어갈 수 있다. 가능하면 자신이 집중 상태에서 벗어나지 않게 하는 것이 내가 주장하는 시간 관리법의 가장 중요한 부분이다.

집중 상태를 끊지 않고 유지하기가 무척 힘들다고 여길지도 모르지만, 그렇기에 5분 만에 할 수 있는 일을 포스트잇으로 구분한 것이다. 연달아 5분 만에 할 수 있는 일이 있으면 '이 일은 하기 싫어' 하는 마음이 들기 전에, 고민할 틈도 없이 다른 일에 몰두할 수 있다.

의욕이 떨어지기 전에 다른 일을 시작할 수 있다면 잇달아 눈 깜짝할 사이에 많은 일을 해낼 수 있다. 한 가지 일을 아무 생각도 하지 않고 단숨에 해치울 수 있는 분량이기 때문이다.

꼭 해야만 하는 일들 대부분이 5분 이내에 끝나지 않는 일일지도 모른다. 5분 이내에 끝나지 않는 일은 분해가 필요하다. 5분 안에 할 수 있는 일로 '쪼개는' 것이다. 가령 대학교에 합격한다는 과제(5분 이내에 할 수 없는 일)라면, 오늘은 무슨 공부를 할까, 하는 작은 과제로 나누자. 해야 할 일을 단번에 할 수 있는 양으로 세분화하는 것이다.

 머릿속 모든 생각들을 분류하자!

목표에 직결된 행동을
하고 있는가?

★

사람은 목표에 직결된 행동을 할 때 그 행동에 만족감이 따른다. 어떤 일을 하고 싶지 않은 까닭은 그 일이 자신의 목적에 직접 연관되어 있지 않아서다.

언제나 목표에 직결된 행동을 취할 수 있으면 더할 나위 없이 좋겠지만 실제로는 좀처럼 그렇게 할 수 없는 게 사람이다. 그렇게 할 수 없는 까닭은 대부분의 사람이 목표를 정확하게 파악하지 못하고 있기 때문이다.

지망 대학교의 입학시험에 합격하는 것을 목표로 하는 경우를 생각해보자.

'합격하려면 무엇을 해야 할까' 하는 질문을 받는다 해도 바로 답할 수 없을 것이다. 합격이라는 목표까지의 여정이 길다 보니 열심히 공부하면 된다고 알고는 있지만, 실제로 오늘 무얼 해야 좋을지는 확실하지 않기 때문이다. 이런 상황에서 사람은 무심코 충동적인 행동으로 치우치는 경향이 있다.

충동은 본래 사람이 살아가는 한 필요한 것으로, 마음 깊은 곳에서 우러나는 욕구이다. 오늘 공부해야 한다는 건 너무나 잘 알고 있는데도 실제로는 공부를 하지 못한다. 그날은 비가 와서라든가, 공부를 하지 못하는 이유는 셀 수 없이 많다.

믿기 어려운 이야기일 수도 있지만 그 정도로 인간은 충동에 좌우되기 쉬운 동물이다. 비가 내리면 습도가 높아지고 그 습도로부터 자신의 몸을 지키려고 하는 충동이 작용한다. 이 충동은 인간의 근원적인 욕망에서 생겨나므로 좀처럼 억누를 수 없다.

시간 관리법 이야기로 되돌아가자. 머릿속으로 떠오른 생각, 느낌, 그리고 불안한 일을 포스트잇에 쭉 적으면서 그 가운데 자신이 가장 절실하게 달성하고 싶은 목표를 A3 용지의 한가운데에 적어보자.

그리고 5분 안에 할 수 있는 일과 그 목표가 연결되어 있는지 아닌지를 확인하는 것이다. 자신이 종이 한가운데에 적어놓은 목표와 관계가 없는 행동을 하고 있으면서, 마음속에서는 목표를 위해 하는 행동으로 착각하는 일이 자주 있다. 하지만 그렇게 해서는 아무리 열심히 해도 목표에 다가갈 수 없다. 목표에 가까이 갈 수 없으니 늘 초조감에 휩싸이고 만다.

이와 같은 사례는 셀 수 없을 정도로 많다. 믿을 수 없을지 모르지만 자신의 행동을 확인해보면 잘 알 수 있다.

고등학교 때 친구의 이야기인데, 그 친구는 매일 하교 후 학원에 다녔다. 수험 공부에 아주 열심이었다. 동시에 학교에서는 스포츠 동아리 활동도 열심히 했다. 방과 후 동아리 활동에 참여하면 상당히 많은 체력을 쓰게 된다. 몸은 피곤하고 배도 고파진다. 동아리 활동도 하고 싶고 수험 준비도 하고 싶다. 그래서 매일 학원에 다녔지만 피로와 공복에 지친 나머지 학원에서는 수업이 시작될 때부터 끝날 때까지 줄곧 잠을 잤다. 학원에 비싼 돈을 지불하고 자러 다니는 형국이 되고 말았으니 성적이 오를 리가 없다. 하지만 본인은 열심히 애쓰고 있다. 학원에 가지 않으면 불안해서 줄곧 학원에 다니고 있다.

 내가 하고 있는 일이 목표에 직결되는지 스스로에게 물어보자.

'쪼개기'가
필요한 작업은?

★

　'쪼개기'는 분류하는 작업, 즉 세세하게 분석하는 일이다. 대학 입시나 사법시험에 합격하겠다는 목표가 있어도 이렇게 큰 목표는 한 번의 행동으로 달성할 수 없다.

　단번에 목적을 달성하려고 해도 어떻게 해야 좋을지 몰라 막막하기 마련이다. 그래서 목표를 앞에 두고 아무것도 하지 못한 채 절망에 빠지는 것이다. 이는 목표를 달성할 수단을 알지 못하기 때문이다. 그리고 수단을 알지 못하는 사람은 자신뿐이라는 착각에 빠진다.

　목표 달성을 위한 수단을 알 수 있는 마법 공식이 '쪼개기'

즉 분류 작업이다.

우선 **5분 이내에 할 수 없는 일을 5분 내에 할 수 있는 작업으로 쪼갠다.** 그렇다고 해서 5분 이내에 할 수 없는 일을 끝까지 전부 5분 이내에 가능한 작업으로 분해하는 것은 아니다. 대학 입시 성공을 분해한다고 해서 현재부터 합격까지의 모든 작업을 5분 안에 할 수 있는 작업으로 쪼개기는 불가능하다. 시험에 합격하기 위해 행하는 **공부의 시작 부분을 5분 안에 할 수 있는 일로 분해**하면 된다.

공부가 잘 되지 않는 큰 원인은 그 공부를 끝까지 해낼 수 없어서가 아니다. 공부를 시작해서 지속할 수가 없기 때문이다. 시작할 수 없어서 잘 되지 않는 것이다.

어릴 때 여름방학 숙제를 떠올려보자. 여름방학이 시작되자마자 숙제를 하면 생각보다 빨리 끝낼 수 있는데도, 분량이 많으면 좀처럼 시작할 엄두가 나지 않는다. 여름방학 내내 숙제가 마음에 걸려서 놀면서도 별로 즐겁지가 않다. 그렇다고 숙제를 일찌감치 시작하는 것도 아니다. 나는 어릴 때, 더 이상 미루다가는 절대로 개학일까지 끝내지 못할 거라는 생각이 드는 아슬아슬한 시기부터 숙제를 하기 시작했다. 그런 아이였다. 물론 성적은 형편없었다.

여름방학 숙제든 입시 공부든, 시작 부분을 5분 이내에 끝낼 수 있는 작업으로 분해하는 것이 성공의 비결이다. 그리고 그 5분 이내에 끝낼 작업을 담담히 해나간다. 5분 이내에 끝내게 되므로 누구나 망설이지 않고 그 작업을 시작할 수 있다. 또한 바로 작업이 끝나므로 성취감을 맛볼 수 있다. 물론 다음 작업도 잇달아 시작할 수 있어 순식간에 여러 개의 작업을 마칠 수 있다.

"벌써 이만큼이나 했네!"

지금까지 맛보지 못했던 성취감, 그리도 동시에 안도감이 온몸을 감싼다. 공부나 업무의 효율이 비약적으로 높아진다.

대학 입시의 경우는 다음과 같이 브레이크 다운하는 것이 좋다.

· 지망 대학교 결정
· 현재 자신의 실력 파악
· 공부 전략 수립

막연하게 대학 입시를 생각하지 말고 목적과 현재 상황을 정확히 파악해 합격까지의 과정을 이미지로 그려본다. 대부분의 사람은 지망 대학교를 5분 만에 결정할 수 없을 것이다. 5분 만에 결정할 수 없기에 '지망 대학교 결정' 항목을 더 세세하게 나누는 작업을 해야 한다.

지망 대학교를 정하려면 어떤 정보가 필요한지를 생각한 뒤에, 해야 할 일을 열거해보자. 쭉 열거해보면 무엇을 해야 할지를 일목요연하게 알 수 있다. 5분 안에 지망 학교를 결정한다는 본래의 목적은 달성하지 못했지만, 그 목적를 향해 나아가기 시작하는 것은 5분 이내에 할 수 있다.

이 같은 방법으로 '현재 자신의 실력 파악', '공부 전략 수립'도 시작 작업을 5분 이내에 할 수 있는 일로 쪼개어 분류해나간다. 그리고 차분히 작업을 해나가면 된다.

가장 중요한 것은 일주일에 한 번, 자신이 하는 작업이 정말로 목표를 달성하는 데 도움이 되고 있는지를 확인하는 일이다.

여러분이 활용할 수 있는 시간은 한정되어 있다. 목적은 오랜 시간을 집중해서 일하는 게 아니다. 이 시간 관리법의 목적은 여러분이 활용할 수 있는 시간 범위 내에서 자신에게 가장 중요한 목표를 달성하는 데 있다.

덩어리가 큰 일은
5분 안에 시작할 수 있는 작은 일로
쪼개서 시작한다.

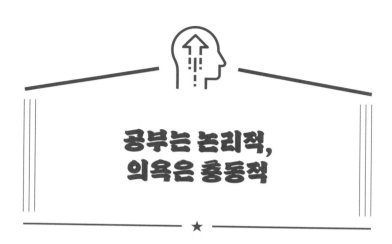

공부는 논리적,
의욕은 충동적

이 시간 관리법의 뛰어난 장점은 극적인 효과를 올리기 위해 아무런 훈련도 필요로 하지 않는다는 점이다. 시간 관리의 노하우를 습득하는 데만 방대한 시간을 허비해서는 아무런 의미도 없다.

나는 이런 경험을 한 적이 있다. 내 회사에서 신제품 발표회를 했을 때의 일이다.

몇백 명이나 되는 초대 고객들과 명함을 교환했기에, 그 고객들로부터 제품에 대한 문의가 들어오면 바로 대응할 수 있도록 준비했다. 바인더를 여러 권 구입해서 명함을 정리하기 시작했다.

세상에는 명함을 정리하기 위한 노하우가 많이 나와 있다. 노하우를 좋아하는 나는 기왕 정리하는 참에 가장 효율성 있는 방법으로 해야겠다고 마음먹었다.

이름순, 구입 가능성이 높은 순서, 지역별…… 등 다양한 용도에 맞춰 명함을 정리하는 일이 무척 즐거워서 몰두하다 보니 순식간에 이틀이 지나갔다.

'이 고객이 구입할지도 몰라. 이 고객도 가능성 있어.'

이틀이 지났을 무렵, 내가 대외적으로 아무 일도 하지 않고 있다는 사실을 깨달았다. 이틀 동안 꼬박 회사 안에서 놀고 있었을 뿐이다.

나는 입시 공부를 할 때도 마찬가지 실수를 저질렀다. 공부 계획을 세우는 일이 너무나 즐거운 나머지, 계획을 세우고 일정을 짜는 데 대부분의 공부 시간을 써버리고는 정작 공부는 별로 하지 못했던 기억이 새삼 떠오른다.

아무 계획도 세우지 말고 공부하라는 이야기가 아니다. **계획과 실행의 균형이 중요**하다는 뜻이다. 사람은 중장기적인 목표에 대해서는 논리적인 사고를 하지만 단기적인 목표를 위한 행동은 충동에 좌우되기 쉽다.

사회인이 되어서 한 번 포기했던 의사의 길을 다시 목표로 삼아 노력하고 있는 분이 내 암기법 세미나에 참석한 적이 있다. 30대 중반에 접어들어 의과대학 입시에 다시 도전한다고 했다.

보통 사람의 상식으로는 30대에 의사가 되겠다니 무모하기 짝이 없는 일이겠지만, 그 지망생과 직접 대화를 나누면서 현재 상황, 목표로 하는 의대의 순위, 입시에 대한 열정 등을 확인하고는 충분히 가능성이 있다고 판단했다. 내년 입시까지는 너무 기간이 짧아서 어려울지 모르지만 몇 년 이내에 반드시 합격할 거라고 믿었다. 나로서는 합격시킬 자신이 있었다.

그런데 이처럼 냉정하게 상황 분석을 했는데도 막상 첫해 입시에 실패하고 나자 엄습해오는 불안감에 무릎을 꿇을 것만 같았다. 사회인이 되고 나서 한 재도전이다. 이미 10년 이상이나 늦어져 있으므로 여기서 1년, 2년 더 늦어진다 해도 큰 문제는 아니다.

'이제 와서 의대 입시에 다시 도전하다니 비상식도 어느 정도지.'

'애초에 나는 의대에 합격할 재목이 못 되는 게 아닐까?'

이런 부정적인 생각이 하루가 멀다 하고 결심을 뒤흔들어 놓는 통에 입시를 포기하고 싶은 충동과 날마다 싸우며 이겨내야만 했다.

또한 오랜 세월을 사회인으로 살아왔기에 책상 앞에 붙어 앉아 있는 습관을 이미 잃어버린 터였다. 여러 가지 마음에 걸리는 제동을 느끼면서 공부를 하자니 졸음이 시도 때도 없이 몰려왔다.

나도 고등학생 때 같은 경험을 했다.

'우리 학교에서 도쿄대에 합격하면 30년 만이라는데.'

'이 고교 출신자는 도쿄대에 입학할 가망이 없는 거 아냐?'

'도쿄대에 합격할 정도의 실력이 있으면 애초에 왜 이 고등학교에 들어왔겠어!'

매일 이렇게 고민하던 기억이 난다.

하지만 기적은 일어나는 법이다.

내가 도쿄대에 합격한 다음 해에, 내가 졸업한 고등학교의 후배 두 명이나 도쿄대에 합격했던 것이다. 30년 동안 도쿄대 합격자를 한 명도 배출하지 못한 고교에서 대체 무슨 일이 일어난 걸까.

오랫동안 이 고교에 도쿄대 합격자가 없었던 것은 컴포트존Comfort Zone이 '도쿄대에 합격하지 못한다'는 상태였기 때문이다. 컴포트존이란 '마음이 편안한 공간'을 가리킨다. 내가 도쿄대에 합격하기 전까지는 아무리 공부해도 도쿄대에 합격하지 못한다는 것이 컴포트존이었다. 학생들은 아무리 공부해도 합격하지 못할 거라는 생각으로 머리가 가득 차 있었던 것이다.

그런데 같은 고등학교 졸업생이 실제로 도쿄대학교에 합격하는 것을 본 순간, 컴포트존이 도쿄대에 '합격한다'는 상태로 옮겨갔다. 그리고 도쿄대에 합격하려면 어떻게 해야 하는지를 생각하기 시작한 것이다.

자신이 무엇을 목표로 하느냐에 따라 컴포트존은 변화하며 사고방식도 근본부터 바뀌어간다. 아무리 열심히 노력해도 그 목표에는 도달할 수 없다고 생각하는 경우와 어떻게든 노력하면 그 목표를 달성할 수 있다고 생각하는 경우는, 이후의 행동에 큰 차이가 발생한다. 같은 능력, 같은 타이밍에도 결과가 180도 달라진다.

 '나는 합격한다!'라고 생각하고 노력하자. 결과도 따라온다.

'루틴'이라는 마법

행동을 컨트롤하는 비법은 자신의 행동을 규칙적이고 습관적으로 루틴화하는 것이다. 목표를 위해 해야 할 일을 일상적으로 정해져 있는 작업이나 업무로 구현하면 된다.

행동을 루틴화하면 감정이나 충동이 끼어들 여지가 아주 적어진다. 이 시간 관리법을 활용하면 5분 안에 끝낼 일을 담담하게 해나가기만 해도 자신의 목적에 저절로 가까워진다. 작업 도중에 아무것도 걱정할 일이 없어진다. 불안감이 마음속으로 파고들 틈이 없다. 나를 잊고 일에 몰입하는 몰아 상태가 되는 것이다.

눈 깜짝할 사이에 많은 분량의 일을 해나가고 있다는 것을 깨닫고 깜짝 놀라는 자신을 발견할 수 있다. 지금까지 단 10분도 집중력을 유지하지 못했던 사람이라도 몇 시간씩 집중할 수 있다.

"선생님 덕분에 인생이 바뀌었어요" 하고 감사의 말을 전하는 사람이 많다. 그 사례는 일일이 헤아릴 수 없을 정도다. 입시 공부뿐만이 아니라 인간이 하는 모든 활동에 이 시간 관리법을 활용할 수 있다.

 CHECK! **해야 할 일을 일상 속에서 습관화하자!**

6장

동기 부여 :
내가 해냈으므로,
당신도 상위 1%가 될 수 있다

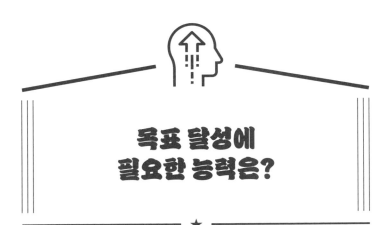

목표 달성에
필요한 능력은?

★

　목표를 달성하는 데는 어느 정도의 능력이 필요할까? 합격에 필요한 능력과 성적을 확인하는 일은 매우 중요하다.

　다만 닥치는 대로 공부한다고 해서, 어지간히 근성이 있든지 운이 좋은 사람이 아니고는 지망하는 일류 대학 또는 목적으로 하는 자격시험에 합격할 수 없을 것이다.

　영어 회화 학습을 예로 들어 설명해보자.

　'영어로 술술 말할 수 있으면 좋겠어!'

　사람들 대부분이 그렇게 바라는데도 좀처럼 이 실력을 갖추지 못하는 까닭은 어디에 있을까. 나는 영어를 능숙하게 익히지 못하는 가장 큰 원인은 대부분 자신이 어느 수준의 영어 실력을 습득하고 싶은지 확실하게 인식하지 못하기 때문이라고 생각한다. 영어를 공부한다고 해도 다음의 예시 중에서 어느 쪽을 목표로 하느냐에 따라 학습방법은 완전히 달라진다.

· 해외 여행지에서 곤란하지 않을 정도의 일상 회화 수준
· 국제 회의에서 업무를 해낼 수 있는 동시통역 수준

물론 대부분의 사람은 동시통역 수준의 영어 회화 실력을 익히려고 하지는 않을 것이다. 하지만 실제로 여러분은 자신이 어느 정도의 회화 실력을 갖추고 싶은지를 진지하게 생각해본 적이 있는가. 물론 더듬거리며 말하기보다는 일상 회화를 자연스럽게 구사하는 편이 좋고 외국 영화를 자막 없이 볼 수 있다거나 평소에도 영어 뉴스를 불편함 없이 들을 수 있으면 좋을 것이다. 욕심을 내 동시통역까지는 아니더라도 순차통역(메모를 적어가며 듣고 나중에 정리해서 통역하는 형태)까지는 하고 싶다든가 하는, **자신이 진정 어떤 단계를 원하는지를 알아야 한다.**

대학 입시에서도 가장 어렵다는 도쿄대학교를 목표로 할 것인지, 아니면 사립 명문인 와세다대학이나 게이오주쿠대학, 혹은 좀 더 들어가기 쉬운 대학으로 할지, 자신이 어느 학교를

목표로 정하느냐에 따라 공부법은 완전히 달라진다.

같은 도쿄대학교라도 법학부, 이학부, 의학부 등 지망하는 학과에 따라 공부 방법은 전혀 다르며, 특히 도쿄대학교 이과3류(의대로 진학한다)는 전국 수준의 공개 모의고사에서 몇백 등 이내에 들지 못하면 합격은 어림도 없다.

'전체 성적을 올려야지' 하는 막연한 생각이야말로 학습 효과를 얻지 못하는 가장 큰 원인이다. 어느 정도의 실력과 점수가 필요한지를 잘 생각해서 목표를 정해야 한다. 목표가 구체적이어야 학습 초기 단계부터 목표로 다가가는 실감이 나므로 동기부여가 되고 의욕이 사그라들지 않는다.

반대의 예로, 영어 회화를 배우는 본래의 목적이 일상 회화 수준인데 '대는 소의 역할도 겸한다'는 생각에 사로잡혀 동시 통역을 목표로 하는 사람이 있다. 하지만 실제로 일상 회화가 가능하면 좋겠다고 생각한 동기와 학습 교재의 수준이 너무 달라서 도중에 좌절하기 쉽다. 이러한 불일치 상황은 의외로 잘 깨닫지 못하므로 학습을 하는 데 매우 중요하다.

 학습 전에 자신의 목표를 분명히 정하라!

'왠지 공부 잘되는 날'을 반복하는 방법

사람들은 대개 결과를 중요시하는 경향이 있지만 실제로는 학습 과정이 더 중요하다. 과정에 대한 사고방식이 최대의 학습 효과를 이끌어내기 때문이다.

물론 학습 과정만 중요하고 결과는 아무래도 상관없다거나 그저 열심히 노력만 하면 된다는 뜻이 아니다. 과정은 자신이 설정한 목표와 깊이 관련해있다는 사실이 중요하며, 실제로 연관되어 있다는 것을 항상 확인해야 한다.

평소에 공부하다 보면 간혹 믿을 수 없을 정도로 컨디션이 좋은 날(학습 효과가 큰 날)이 있기 마련이다. 이날은 왜 컨디션이 좋았는지를 냉정히 분석해보고 잊지 않도록 하자.

앞서 영단어 암기법으로 설명한 '3배속 암기법'을 발견했을 때의 일을 이번 주제의 시점으로 다시 한 번 설명하겠다.

결론부터 말하자면, 시간이 없으니 '하루 15분만'이라고 정하고 영어 단어를 매일 암기했더니 상당한 분량의 단어를 외울 수 있었다. 이렇게 암기할 수 있었던 배경에는 다음과 같은 요인이 있다.

· 국립대학을 지원하고 있어서 영단어 암기에 아주 짧은 시간밖에 할애할 수 없었다.
· 일단 매일 했다.
· 전부 외우지 못해도 괜찮다고 편안한 마음으로 외우려고 했다.
· 당일, 전날, 전전날 암기한 단어밖에 복습하지 않았다.

매일 계속했더니 약 일주일 후부터는 '어? 평소랑 뭔가 다른데?' 하는 생각이 들었다. 어떻게 이 정도로 많은 단어를 단시간에 암기할 수 있는지, 고교생이었지만 내 나름대로 영단어 암기 과정을 분석해보았다. 그리고 다음과 같은 핵심 요인을 확인할 수 있었다.

· 매일 단시간 공부한다(매일 가능한 정도의 시간으로 한정한 것)

· 당일, 전날, 전전날 암기한 단어만 복습한다

· 전부 외우려 들지 않는다

· 하루에 20개 단어를 외우고 싶다면 50개 정도로, 훨씬 더 많은 분량을 외우려고 한다

· 단어를 쓰는 횟수는 2회 정도로 줄인다

이 같은 요령으로 공부해서, 이미지화하기 어렵고 외워야 할 양이 많은 것이나 완벽하게 의미를 외우지 않아도 되는 것(최소한 어떤 뉘앙스인지를 파악하면 된다)에 대한 학습법을 확립할 수 있었다.

누구나 반드시 예상한 것보다 훨씬 더 잘 될 때가 있다. 그때의 과정을 의식적으로 되돌아보는 일은 중요하다. 그날은 왜 공부가 잘 되었는지를 자신 나름대로 분석해서 재현해보자.

먹을 것이 궁한 사람에게 물고기를 주지 말고 낚시하는 법을 알려주면 그 사람은 평생 먹고사는 데 곤란하지 않을 거라는 이야기를 들어봤을 것이다. 이처럼 결과를 얻는 과정 속에야말로 배워야 할 것이 있기 마련이다.

다시 강조하지만, 열심히만 하면 좋은 결과가 나오지 않아도 되는 게 아니다. 물론 결과가 전부는 아니며 과정을 의식하

고 분석하는 것이, 목적으로 삼은 결과로 가는 지름길이다.

 **공부가 유난히 잘된 날은 왜 잘되었는지
스스로 분석하고 재현하자!**

'공부하는 행위'에 자신을 가두지 않는다

★

공부에서 성공하기 위해서는 두 종류의 마음이 필요하다.

· 자신을 넓은 시야에서 객관적으로 바라보는 마음
· 자신을 잊고 몰두하는 마음

이 두 가지인데 다른 말로 하면 다음과 같이 표현할 수 있다.

· 목적과 현재 상태를 토대로 무엇을 하면 가장 효과적일지를

분석하는 마음

· 분석하지 않고 눈앞에 있는 일을 열심히 하는 마음

여행할 때를 상상해보자. 보통은 여행 계획을 세우고 나서 출발한다. 여행 가이드북을 보거나 요즘 같으면 인터넷을 검색해 정보를 수집할 것이다. 이 또한 여행의 즐거움이다. 한마디로 여행은 '계획을 세우는' 단계와 '실제로 여행하며 즐기는' 단계, 이 두 단계로 나뉜다.

공부는 한번 자신을 잊고 몰두하면, 새삼 누가 묻지 않는 이상 '분석하는 마음(효율성 높은 공부 계획을 세우는 일 등)'을 잊어버리기 쉽다.

물론 몰입할 정도로 열심히 공부하는 자세는 중요하지만 너무 깊이 빠지다 보면 전체를 객관적으로 볼 수 없다. 그렇기에 더욱더, 때때로 멈춰 서서 생각하는 과정이 필요하다.

공부하다가 너무 열심히 문제를 풀다 보면 그 문제집을 끝까지 풀고 싶은 마음이 들 때가 있다.

왜 끝까지 하고 싶어지는 걸까. 하나의 문제를 풀 때, 우리는 가능한 한 그 문제를 완벽하게 이해하고 해법의 흐름을 완벽히 파악해 완벽한 해답을 내놓으려는 마음이 생긴다.

'완벽'이라는 말을 몇 번이나 반복한 까닭은, 하나의 문제를 구석에서 구석까지 완벽하게 이해하지 않으면 정답(만점)을 이끌어낼 수 없기 때문이다. 그 '완벽을 추구하는 마음'이 문제를 다 풀고 나서도 계속되는 것이다.

나를 잊고 몰두하는 마음(문제를 풀 때의 마음 상태)으로 그 문제집을 끝까지 풀려고 든다. 그러면 아무래도 그 문제집을 처음부터 끝까지 몇 번이나 완벽하게 해내려고 하고 만다.

학교 수업 중에 교과서와 거의 똑같이 노트에 필기하는 사람들을 자주 본다. 거의 교과서와 다름없는 노트를 만들자니 당연히 엄청난 시간이 걸린다. 그 완성된 노트를 보고 '완벽한 자료를 만들었다'는 만족감을 느낄지 모르지만 요즘은 베껴 쓰는 시대가 아니다.

뭘 위해서 그 노트를 작성하고 있는지, 자신을 객관적으로 바라보는 마음을 잃었기 때문에 이런 노트를 만드는 것이다. 노트에 필기하는 작업 하나만 해도, 이 작업은 무얼 위해서 하고 있는 것인지를 항상 생각해야 한다.

내가 학생이던 시절에는 가능한 한 얇은 문제집을 몇 번이고 보는 것이 '합격의 열쇠'라고들 했지만, 그때와 인터넷이 보급된 현대 사회는 사정이 완전히 다르다.

정보가 많지 않았던 예전 시대에는 그것이 옳았을지도 모르지만, 정보가 넘쳐나는 오늘날에는 한정된 정보에 집착하거나 근시안적인 인식 방법으로 공부해서는 안 된다.

인터넷으로 쉽게 검색할 수 있고 대형 서점과 온라인 서점도 잘 갖춰져 있어 좋은 책을 저렴한 가격에 구입할 수 있는 시대이다.

우연히 처음에 만난 참고서를 소중히 여겨 고집하는 건 현명한 대책이 아니다.

내가 대학생 시절에 과외 교사가 되어 가르친 학생들 중에서 '자신을 넓은 시야에서 객관적으로 바라보는 마음'이라는 의미에서 가장 우수했던, 유명 사립고교를 목표로 하던 여학생이 있었다. 수학 문제집을 전부 풀어야 하는데 시간이 부족했다. 만약 여러분이라면 다음 선택지 중에서 어느 방법을 선택하겠는가.

· 시간이 없으니 포기한다
· 밤을 새워서라도 시간을 만들어 전부 풀어본다
· 중요한 문제만 골라서 가능한 만큼만 공부한다

당연히 '시간이 없으니 포기한다'는 선택은 하지 않았겠지만, 대부분 모든 문제를 풀려고 생각해 결국은 도중에 기력이 다하지는 않을까?

그 여학생은 마지막 방법을 선택했고 중요한 문제만 골라서 가능한 만큼만 공부해서, 경쟁이 치열한 유명 사립고교에 보란 듯이 합격했다.

어른이라도 이처럼 냉정한 판단을 내리기는 쉽지 않다. 많은 사람이 근성이 있으면 뭐든지 할 수 있다고 자신하며 돌진하거나(그러고는 실패한다) 하지 못하는 자신을 쓸모없다고 비관하거나, 둘 중 한 가지 양상을 보인다.

 **자신을 객관적으로 볼 수 있어야,
정확한 목표로 갈 수 있다!**

귀찮은 일을
쉽게 해치우는 방법

★

　공부가 너무 좋아서 견딜 수 없다는 사람이 어느 정도 있을까. 내가 지금까지 살아오면서 만난 사람들 중에 그렇게 말한 사람은 손꼽을 정도로 적었다.

　극소수를 제외하면 대부분 공부는 싫은 것, 될 수 있으면 하고 싶지 않은 것이라고 느끼지 않을까? 공부가 좋아서 견딜 수 없는 사람이 된다면 얼마나 행복할까 하고 나는 지금도 생각한다.

　하지만 내가 개최하는 세미나 참석자들은 나를 '공부를 좋아하는 사람'이라고 오해하고 있다. "전 지금도 공부가 너무 싫어요" 하고 말해도 믿지 않을뿐더러 진지하게 들어주지도 않는다.

하지만 만약 내가 공부를 좋아했다면 암기법과도 만나지 못했을 것이고 이렇게 책을 쓰지도 않았을 것이다. 내가 보통 사람들과 다른 점은 왜 공부하는 게 싫은지에 대해서 흥미를 느끼고 그 심리를 밝혀내고 싶었다는 사실이다. 공부가 싫은 이유에 흥미를 갖게 된 것도 나 자신이 공부하고 싶지 않아 하는 사람의 선두주자였기 때문이다.

어느 날 아침, 이를 닦다가 문득 이런 생각이 뇌리를 스쳤다.

'공부는 하기 싫은데 매일 아침 양치질하는 건 왜 싫어지지 않는 걸까?'

몇 시간 동안 이를 닦는 것도 아니고 또한 이를 닦지 않으면 입 안이 상쾌하지 않다는 데 원인이 있을지도 모른다.

하지만 내게는 그 이외의 이유도 있을 거라는 '번득이는 아이디어'가 있었다. 나는 일상생활에서 일어나는 여러 가지 활동을 생각해보았다.

옷을 입는 일, 수염을 깎는 일, 운동, 등하교……

하나같이 귀찮은 일이지만 모두 매일 하고 있다. 그런 반면에 공부는 똑같이 귀찮은 일인데도 귀찮다는 이유로 매일 하기가 어렵다. 여러 가지를 생각하는 동안에 다음과 같은 사실을 깨달았다.

· 귀찮아도 해야 할 일은 루틴화되어 있다
· 귀찮아서 하지 않는 일은 루틴화되어 있지 않다

가령 아침에 세면대 앞에 서면 저절로 화장실에 가고 싶어진다. '파블로프의 개'는 아니지만 '아침에 일어나면 세면대로 간다'라는 루틴화된 일에서 조건반사 회로가 작동해 자연스럽게 목적을 실행하는 것이다. 그래서 나는 공부도 이처럼 루틴화할 수 있지 않을까 하는 생각이 들었다. **무의식중에 합격할 수 있는 생활 습관을 만들어놓는 것, 그것은 즉, '공부를 루틴화하는 일'**이다.

학교에서 돌아오면 바로 할 공부를 정해놓고 아무것도 생각하지 않고(그 공부가 귀찮다는 생각을 할 겨를도 없이) 공부할 환경을 갖춰놓는 것이다.

만약 더운 날이라면 이렇게 해보자.

· 집에 돌아온다
· 옷을 벗는다

· 땀 흘린 몸을 차가운 수건으로 닦는다

· 영어 단어를 외운다

아무 생각하지 않고도 이들 일련의 동작을 할 수 있게 준비해둔다. 그러면 집에 돌아와 어느새 공부를 하고 있는 자신을 발견할 수 있다.

마치 중국요리의 명인이 만드는 볶음밥과 같다. 명인이 만든 볶음밥은 '순식간에' 만들어내기 때문에 맛있다.

맛있게 만들려면 사전 준비(요리 준비)가 중요하다. 만약 볶음밥에 들어가는 재료를 볶기 전에 준비해두지 않았다면 어떨까. 결코 맛있는 볶음밥을 만들 수 없다.

나는 '목표는 논리적인 머리가 생각하고 매일매일의 행동은 충동적인 마음이 대처한다'고 굳게 믿는다.

내년에 무슨 일이 있어도 도쿄대에 합격하고 싶다. 매일 공부하면 확실히 합격할 수 있다는 것을 알고 있다. 그런데도 오늘 공부하지 못하는 것은, 가령 여름에는 '덥다'고 충동적으로 생각하기 때문이다.

다이어트를 예로 들면 이해하기 쉽다. 친구가 무한 리필 음식점에 가자고 하면 '본전을 뽑아야지' 하는 생각에 그만 충동적으로 많이 먹게 된다.

날마다 일어나는 충동을 컨트롤하려면, 원래 먹는 걸 좋아한다(공부하지 않는 걸 좋아한다)면, 그에 지지 않을 정도로 살을 뺄 수 있는 생활 습관(공부하는 습관)을 들이는 것이 좋다. 다시 말해, 가능한 한 루틴화하는 것이 중요하다.

> ☆ CHECK! **하기 싫은데 해야 하는 일은**
> **자동적으로 할 수 있게 루틴화하자!**

잘되는 사람은
단순하게 사고한다

★

항상 목적을 직시하고 행동하자. 목적을 달성한다는 범위 내에서 가능한 한 단순하게 생각하는 것이 중요하다.

복잡한 방법이 목적을 달성하기 더 수월해 보이는 경향이 있고 그 과정에서 만족감을 느끼는 경우도 있지만 단순한 방법이 아니면 오래 지속할 수 없다. 무엇보다 '지속'하는 것이 가장 중요하다.

느닷없이 '매일 5킬로미터를 달리자' 하고 마음먹으면 부담감에 사흘 만에 좌절하게 되지만 '오늘은 1킬로미터만 달리자', '내일은 1.2킬로미터를 달리자' 하고 조금씩 거리를 늘려가면 오래 지속할 수 있다. 지속하면 저절로 체력이 붙기 마련이므로 나중에는 목표한 5킬로미터를 매일 달릴 수 있게 된다.

'파킨슨의 법칙Parkinson's law'이라는 재미있는 법칙이 있다. 1958년 영국의 역사학자이자 정치학자인 시릴 노스코트 파킨슨Cyril Northcote Parkinson이 자신의 저서에서 주장한 법칙이다.

'제1법칙. 업무량은 완수하는 데 주어진 시간을 모두 만족할 때까지 팽창한다.'

'제2법칙. 지출액은 수입액에 도달할 때까지 팽창한다.'

당시 영국의 식민지가 감소했는데도 식민지를 총괄하는 식민성의 공무원 수는 오히려 증가한 현상에 대한 경종이었다. 일종의 관료제 비판이다.

이 법칙은 '어떤 자원에 대한 수요는 입수 가능한 그 자원의 양까지 팽창한다'고 바꿔 말할 수 있다.

이야기가 조금 어려워졌지만, 이 법칙은 개인에게도 적용된다. 앞서도 언급한 예인데, 나는 엄청난 양의 명함을 정리하기 위해 명함 보관용 바인더를 구입해서 며칠에 걸쳐 정리한 적이 있다. 그때 문득 깨달았다. 애초에 명함을 정리하는 데 이렇게 막대한 시간을 소비할 의미가 있을까? 바쁜 사람이 명함 정리에 이토록 긴 시간을 허비해도 되는가? 애당초 다시 만날 사람은 명함 전체 중에서 20퍼센트도 안 된다.

다시 한 번 명심하길 바라는 법칙이 있다. 파킨슨의 법칙보다 중요하고, 게다가 그다지 알려지지 않은 '에리히 폰 만슈타인Erich von Manstein의 법칙'이다.

에리히 폰 만슈타인이라는 인물은 제2차 세계대전에서 활약한 독일의 유명한 군인이다. 그는 인간의 유형을 '게으르고 무능한 사람', '게으르고 유능한 사람', '부지런하고 무능한 사람', '부지런하고 유능한 사람'의 네 가지로 분류하고, 나아가 장교로서의 자질을 적용해 다음과 같이 서술했다.

· 게으르고 무능 : 내버려 둬도 해가 되지는 않는다
· 부지런하고 유능: 무척 세심한 부분까지 명확히 분석하는 우수한 참모가 된다
· 부지런하고 무능: 가장 다루기 어려우므로 당장 제대를 명해야 한다
· 게으르고 유능 : 이 유형을 최고 자리에 두는 것이 좋다

'게으르고 무능한 사람'이 가장 도움이 안 되는 건 당연한 일이며 대개는 '부지런하고 유능한 사람'이 가장 좋다고 생각하겠지만, 만슈타인은 '게으르고 유능한 사람'이 지휘관으로서 가장 적합한 인재라고 주장했다. 부대나 부하(자신이 아닌 타인)

를 얼마나 효율성 있게 움직일까, 하고 열심히 궁리한다는 이유에서다. 반대로, 스스로 뭐든지 다 하려고 하는 사람은 지휘관에는 맞지 않을지도 모른다.

나 역시도 게을렀기 때문에 암기법을 습득하고 발전시켰으며 이렇게 여러분에게 설명하고 있다. 그리고 여러분이 지금, 암기법 책을 읽고 있는 것도 이 같은 인재가 되기 위한 첫걸음이다. 그러므로 공부에 관해서는 얼마나 오랜 시간 할 수 있는지를 최우선으로 생각할 게 아니라 얼마나 짧은 시간에 같은 효과를 올릴 수 있는지에 주목하자. 그러기 위해서는 모든 일을 단순하게 생각할 필요가 있다.

 CHECK! **단순함은 훌륭한 전략이다!**

규칙인가?
미신인가?

★

세상에는 여러 가지 상식이 있기 마련이지만, 상식은 시대에 따라 달라진다.

공중위생에 대한 개념이 발달하지 않았던 시대에는 손을 씻는 것이 감기 예방에 도움이 된다는 사실을 알지 못했다. 프랑스 루브르 궁전에 화장실이 없었던 것은 유명한 이야기다.

공부와 암기에 관해서도 미신이라고 여겨지는 일이 있다. 지금도 "밤새워서 공부해라" 하는 말을 자주 듣는데, 나는 공부하느라 밤을 새운 적은 거의 없었다. 아무리 해야 할 공부가 남아 있어도 밤에는 반드시 잠을 잤다. 수면 부족으로 몽롱한 상태에서는 효율이 급격히 떨어지기 때문이다. 또한 암기 방법에 관해서도 '세세한 내용을 외우면 외울수록 좋다'는 사고에 절대 반대한다. 이 책에서 몇 번이나 말했듯이, 분량을 줄여서 넓은 범위를 한꺼번에 외우는 편이 더 극적인 효과를 발휘한다는 점을 잊지 말자.

소리 내어 말하면서 외운다거나, 여러 번 종이에 쓰면서 외우는 방법에도 나는 찬성하지 않는다(암기 이외에 발음 연습 등을 겸해서 하는 경우는 예외다).

미신이라는 점에서 특히 두드러진 것이, 앞서도 언급한 '합격 체험기'이다. 합격기의 저자가 잘못된 내용을 도움이 될 거라고 생각해 써놓은 경우가 있다.

'이 문제집을 전부 풀지 않으면 불합격한다.'

'몇 번씩 음독하면 저절로 이해가 된다.'

자신이 목표로 하는 대학에 합격한 사람의 말을 100퍼센트 믿지 마라. 항상 스스로 그 방법이 결과로 연결되고 있는지를 확인하고 참고하는 정도로 활용해야 한다.

이런 미신이 사라지지 않는 이유는 학교에서 인간교육을 강조하는 데서 오는 영향이 크다. 인간교육에서는 '결과보다 과정'을 중요시한다. 옳은 의견이지만 결과와 과정의 검증이 확실하게 되어 있지 않은 경우도 있지 않을까.

결과가 좋으면 과정은 아무래도 상관없다(합격만 한다면 공부 방법은 어떻든 상관없다)고 한다면 좋은 결과를 꾸준하게 낼수 없으며, 또한 노력만 한다면 좋은 결과가 나오지 않아도 상관없다(목표로 하는 대학에 합격하지 않아도 괜찮다)고 여러분이 생각할 리도 없다.

과정을 지나치게 중시해도 곤란하다. 항상 결과와 과정의 인과 관계를 확인하는 것이 중요하다.

입시 외에도 세상에는 따라야 할 규칙이 많이 있는데, 그 규칙을 맹신해서는 안 된다. 꼭 여러분의 조건과 환경에 가장 좋다고는 할 수 없다.

 CHECK! 다른 사람의 합격기에 연연하지 마라.
중요한 건 자신의 목표와 과정이다!

간단하게 쓰는
'동기부여 일기'

방법은 간단하지 않으면 도움이 되지 않는다. 간편해야 매일 계속할 수 있기 때문이다. 그래서 지금부터 설명할 '동기부여 일기'를 추천하고 싶다. 사람은 아주 사소한 계기로 의욕을 잃는다. '동기부여 일기'는 의욕을 잃게 되는 원인을 찾아내는 데 매우 효과적인 수단이다. 준비물은 일력이 아닌 보통 달력과 볼펜 등 필기구만 있으면 된다. 필요한 시간은 매일 단 1분이다.

달력은 침실 등 잠자는 곳에 둔다. 잠옷이나 다른 침구와 함께 두면 좋다(이것도 루틴화하자).

하루를 마무리할 때 오늘 한 공부를 되돌아보고 날짜가 적힌 숫자 위에 다음과 같이 자신이 정한 표시를 붙여보자.

· 오늘은 잘 되었다면 ○
· 오늘은 잘 되지 않았다면 X
· 오늘은 보통이었다면 □

단 1분도 걸리지 않는다. 무척 간단해서 실천하는 데 돈도 들지 않을뿐더러 바로 시작할 수 있다. 이 방법의 핵심은 일주일에 한 번 분석한다는 데 있다. 월요일부터 일요일까지의 표시를 정리해서 분석하는 작업이다. 그날 왜 잘 되었는지, 혹은 왜 잘 되지 않았는지를 진지하게 생각해보자.

일주일에 한 번 분석하는 거라면 이렇게 달력에 표시만 해도 확실히 그날의 일을 떠올릴 수 있다(가능한 한 상세하게 떠올리면 좋지만 떠올릴 수 있는 범위에서 해도 아무 문제 없다).

가령 어느 날, 공부가 전혀 되질 않았다고 하자.

그날은 졸음이 쏟아졌나? 공부하는 방이 덥거나 추웠나? 피곤했던가? 공부하는 내용에 흥미가 없었던 걸까? 다른 관심사가 있어서 집중이 되지 않았나? 이런 식으로 효율이 오르지 않았던 이유를 찾아보는 것이다. 이유를 알아냈다면 이번에는 분석을 해보자.

가령 전기료가 아까워서 에어컨을 켜지 않고 더위를 참으며 공부했다면 정말로 전기료가 아까운지 아닌지를 계산해 본다. 소비전력이 1,800W인 에어컨을 하루에 5시간 동안 키면 한 달에 1,800W×5시간×30일=270kWh이고, 요금은 42,000원 정도 나오게 된다.

확실히 전기료가 월 42,000원이 늘어나면 부담이 될 수도 있지만, 그 덕분에 공부가 잘되고 지망 대학에 합격할 가능성이 커진다면 충분히 타산이 있는 투자가 아닐까.

사람은 항상 모든 일을 추상적으로 인식하는 성향이 있다. 내 개인적인 의견으로 그것은 뇌의 리소스, 즉 사용할 수 있는 자원을 절약하기 위해서일 것이다. 일일이 구체적인 부분까지 생각한다면 시간이 아무리 많아도 부족하다.

'왠지' 의욕이 생기질 않는다. '왠지' 학교에 가기 싫다. '왠지' 실적이 오르지 않는다……. 이러한 '왠지'를 '왜 그럴까?' 하고 일주일에 한 번 정리해서 정확히 분석하는 작업이 바로 동기부여 일기이다.

 **매일 1분 동기부여 일기를 쓰고,
일주일에 한 번 그것을 분석하자!**

'더 이상 망설이지 않는 자신'을 발견하라

★

나는 매월 암기법 세미나를 개최하고 있는데 세미나의 마지막 순서로는 반드시 앙케트 조사를 실시해 기탄없는 의견을 받고 있다. 어느 날 암기법을 습득한 수강생이 다음과 같은 상담을 청해왔다.

"선생님 덕분에 많은 지식을 단시간 내에 외울 수 있게 되었는데도 의욕이 계속 유지되질 않아요. 어떻게 하면 좋을까요?"

전에도 같은 상담을 받은 적이 있었는데 사람은 기억에 대한 고민이 해결되면 그다음에는 더 큰 문제가 보이는 모양이다.

한 미국의 유명 컨설턴트가 이런 말을 했다고 한다.

"대부분의 사람이 실패하는 원인은 우물쭈물 미루기 때문이다."

바로 어린 시절에 내가 여름방학 숙제를 할 때 딱 그랬다. 학생 때 나는 아주 게을러터져서 여름방학 숙제를 마냥 미루다가 '더이상 미뤘다가는 다 못해 갈 거야' 하고 판단되는 아슬아슬한 시점, 즉 개학 며칠 전에서야 겨우 시작하곤 했다. 당시는 여름방학 숙제를 미리미리 끝내놓는 사람의 마음을 전혀 알지 못했다.

꾸물럭거리며 공부를 시작하지 않는다. 공부를 시작해도 전혀 진도가 나가지 않는다. 자신이 의욕 없는 사람이라고 착각하고는 더 늑장을 부린다. 아무것도 하지 않은 채 시간만 하염없이 흐른다. 자신을 정신적으로 공격하기 시작한다.

의욕이 생기기 않는 이유가 사실은 우물쭈물거리고 있기 때문이 아닐까? 하고 생각했다. 그 순간 한 가지 해결법이 떠올랐다. 공부를 시작할 때 '아주 조금만 하는' 것이다.

어려운 수학 공부를 시작할 때 '이 많은 문제를 다 풀어야해' 하고 목표를 높게 잡으니까 할 엄두를 내지 못하는 것이다. '가장 쉬운 문제를 푼다', '풀려고 생각한 분량의 10퍼센트만한다' 이런 식으로 생각하면 우물쭈물 미루지 않고 바로 시작할 수 있다.

이런 공부 습관을 들이면 우물쭈물하지 않는 자신을 발견할 수 있다. 가령 조금이라도 확실하게 계획한 공부가 끝나 있다. 그러면 신기하게도, 정말로 의욕이 솟아나는 것을 실감할 수 있다. 이는 매우 간단한 방법이면서도 극적인 효과가 있다.

자신도 깜짝 놀랄 정도의 성적을 한 번이라도 획득하면 사람은 신기하게도 그 성공 체험에 재미를 붙이게 된다. 이제 노력하지 않고는 배길 수 없다.

 하기 싫은가? 만만해질 때까지 목표를 낮춰라. 그리고 성공해라!

내일의 당신은
반드시 오늘과 다를 것이다

'누구에게나 크나큰 가능성이 있다!'

저는 암기법 세미나를 개최해 진행하면서 늘 이 생각을 떠올리곤 합니다. 누구에게나 잠재해 있는 그 가능성을 그대로 잠재울 것인지, 아니면 실제로 행동으로 옮겨 꿈을 실현할 것인지는 여러분이 어떻게 생각하고 마음먹느냐에 달려있습니다.

처음부터 잘되는 사람은 단 한 명도 없습니다. 여러분의 가능성이 실현될 가능성인지, 그렇지 않으면 한낱 꿈인지는 해보지 않고서는 알 수 없는 일이지요.

이 책에 쓰여 있는 내용을 하나라도 좋으니 실행해보세요. 여러분이 정말로 비범한 존재라는 사실을 증명해줄 것입니다. 약간의 훈련만으로도 암기력을 극적으로 향상시킬 수 있으니까요. 사고방식이 행동을 낳고, 그 행동만이 현실을 바꿀 수 있다는 사실을 잊지 마시길 바랍니다.

내일의 당신은 반드시 오늘과 다를 것입니다.

도쿄대 암기법

초판 1쇄 발행 2024년 4월 24일
초판 4쇄 발행 2024년 5월 23일

지은이 미야구치 기미토시
옮긴이 김윤경
펴낸이 이경희

펴낸곳 빅피시
출판등록 2021년 4월 6일 제2021-000115호
주소 서울시 마포구 월드컵북로 402, KGIT 19층 1906호

ISBN 979-11-93128-13-8 03370